JN086582

|新版|

COMPLETE

NOBU式トレーニング コンプリートコース

話すための中学英語

山田暢彦
Yamada Nobuhiko

IBCパブリッシング

編集協力
手書き文字 = 山口晴代
コラムイラスト

カバーデザイン = 山口桂子(atelier yamaguchi)

カバー写真 = 浦島　久

本文DTP = コントヨコ

黒犬のイラスト = テッド高橋

ナレーション = 〈日本語〉夏目ふみよ
〈英語INPUT〉Rachel Walzer
〈英語OUTPUT〉Nobu Yamada (山田暢彦)

録音スタジオ = 株式会社巧芸創作

はじめに

この本は、中学１年～３年の間に習う基本文法をひとつひとつ練習し、英語が確実に「話せる」ようになるためのテキストです。

自然な例文、ていねいな解説、段階を踏(ふ)んだトレーニング、音読にぴったりの音声 CD、そして豊富な練習量にこだわって作りました。

現役の中学生は、学校の教科書と一緒にこの本を使ってみてください。授業の理解がぐっと深まり、きっとテストスコアもアップするでしょう。また、2020 年から始まった大学入試のスピーキング（話す力）やライティング（書く力）の試験に向けて、しっかりと土台を作ることができます。もちろん、高校生も使える内容です。

一方で、中学英語を学び直したい大人の学習者は、本書の実践的なトレーニングを行うことで、「これなら話せるようになる！」と確かな手応(てごた)えを感じていただけると思います。本書で身につけた英語力を、日常会話・ビジネス・旅行などにぜひ活かしてください。

›››中学英語「コンプリートコース」の誕生まで

さて、本書は、僕が 2016 年に出した『英語のスピーキングが驚くほど上達する NOBU 式トレーニング』（IBC パブリッシング）の続編として生まれました。

前作も中学英語をベースにしていましたが、そのときは全ての文法項目はカバーせず、「情報をつけたす」ことにトレーニングをしぼりました。具体的には、前置詞・to 不定詞・接続詞・関係代名詞など“修飾”の表現を取り上げ、「長めの文」をパッと話せるようになることを目指しました。

例文の内容も、大人の学習者を意識したものでした。例えば、こういった文です。

»中1レベル

I worked as an English teacher at ECB Company for three years.

（私は3年間、ECB社で英語講師として働きました）

»中2レベル

I usually buy food online because I don't have time to go to the supermarket.

（スーパーに行く時間がないので、私は普段はネットで食材を買います）

この本を出した直後から、

「こういう英会話本がずっとほしかった！」
「本当に驚くほど上達する！」
「長い文がスラスラと言えるようになってきた！」

こうした声が学習者や先生方から続々と届き、本当にうれしく思いました。

また、同時に、「NOBU式トレーニングがとても気に入ったので、今度は中学生向けにも作ってほしい」「中学の文法を全部カバーしたものがほしい」といったうれしいリクエストも数多くいただきました。

そこで今回、中学1年から3年までの主要文法を全てカバーした「コンプリートコース」を出すことにしました。例文の内容も、子供から大人まで幅広い年齢の学習者が使えるものにしています。

前作で取り上げた文法に加えて、時制・疑問文・助動詞・受け身・現在完了形なども全てトレーニングができる、まさに「完全版」のNOBU式トレーニングです。さらに今回は、コラムにて実践的な会話例を豊富に紹介することにもこだわりました。中学生はもちろんのこと、中学英語を先取りしたい小学生、また基礎英語を学び直したい大人の学習者にもぴったりの本です。

››› スピーキングの時代に最適のテキストを

「全世界の4人に1人が英語を話せる」という時代がまもなくやってくると言われています。また、“戦後最大”とも言われる2020年の英語教育改革では、大学入試にスピーキングやライティングの試験が加わり、小学校でも英語が正式な教科になります。

英語を話す力がますます重要になっているこの時代に、「きちんと話せるようになるテキストを届けたい」――その一心で、この本を作りました。

『NOBU式トレーニング コンプリートコース
――話すための中学英語――』

僕の現時点でのベストを、今ここにお届けします。

本書がきっかけで、皆さんの英語人生に新しいすてきな可能性が開けますように！

Good luck, and have fun!

山田暢彦（NOBU）

もくじ

巻末付録 285

本書の特長

›››インプット→アウトプット

「お手本にたっぷり触れてから、自分で話してみる」。NOBU式トレーニングでは、このステップを大切にしています。何かを上達したいと思ったら、お手本をまねすることが効果的です。スポーツや楽器の場合、上手な先輩のフォームを見てまねしたり、好きな歌手の歌い方をまねしたりしますよね。お手本を知ることで、「なるほど、こうすればいいんだ」という具体的なイメージが湧きます。これが大事なのです。本書では、まずはインプットのページでたくさんの例文（＝お手本）に触れ、「こんな風に言えばいいんだ」というイメージを作りましょう。身につけたい英語をたっぷり聞いたり読んだりしたあとで、続くアウトプットのページで、実際に自分で作文してみます。こうして段階を踏むことで、楽しくスムーズにレベルアップできます。

›››ネイティブの感覚

英語と日本語は、言語の特徴（とくちょう）が大きく違います。特に、英語は「言葉を並べる順番」（＝文の組み立て方）が日本語と逆であることが多く、日本人が苦労する部分です。本書では、早いうちからネイティブに近い感覚で英語の文を理解したり、組み立てたりできるよう、解説や和訳のつけ方に工夫を重ねています。また、中学１年から３年まで、一貫して「出だし」（主語＋動詞～）と「つけたし」（情報の追加）の切り口で文法を整理することで、英語をとてもシンプルに理解できるようになっています。「へぇ、英語はこういう風に話すんだ。」そうした発見を楽しみながら、英語らしい感覚を少しずつ身につけていってください。

›››自然な例文

「こんな英語、一体いつ使うのだろう…」これまでの文法書や参考書には、そうした不自然な例文が少なくありませんでした。しかし、不自然な英語は実用的ではないし、学習者としても、なかなか覚える気になれませんね。本書では、ネイティブにもきちんと通用する「自然な例文」のみを載せています（僕が一文ずつ全て書いています）。日常に根ざしたリアルな英文だから楽しく練習できますし、実際の会話でもそのまま安心して使うことができます。

›››反復練習と復習

語学学習は、必ず反復(はんぷく)練習と復習が必要です。本書では、例文の内容を少しずつ変えながら、同じ表現を繰り返し練習できるように構成しています。また、2～3レッスン毎（テーマ毎）にミニテストを組み込み、復習や発展練習の機会を定期的に設けています。こうして、飽きることなく反復練習に取り組むことができます。スポーツや楽器とやはり同じで、しつこく繰り返すことで本当の実力がつきます。

›››シンプルで継続しやすい

勉強が続かない、というのは多くの学習者の悩みです。そして、これこそが英語がなかなか伸びない最大の原因でしょう。では、どうすればもっと続くのでしょうか？　コツは、勉強の手順を「できるだけシンプルにする」ことです。「何をしようかな…」と毎回悩んでいたら、なかなか続きません。本書のトレーニングは、各レッスン INPUT → OUTPUT の順番で練習するだけですので、毎日、何も迷わずに取り組むことができます。同じトレーニングを日々繰り返すことでリズムが生まれ、習慣化がしやすくなります。そして、良質のトレーニングをブレずに続けることで、どんどん英語が上達します。

»»音読にぴったりのトレーニング音声付き

英語を学び始めの学習者にとって、ネイティブの発音を聞き取ったり、音読したりすることは、決して簡単ではありません。そこで本書では、CD 音声についても、段階的（だんかいてき）にレベルアップできるように工夫をしました。各レッスンにおいて、インプットでは「はっきりとゆっくりめ」に発音し、学習者が聞き取りやすいようにしています*。インプットで本来の音をしっかり理解した上で、続くアウトプットでは、実際の会話でひんぱんに見られる「脱落（だつらく）」（語尾の子音を落とす）や「連結（れんけつ）」（単語同士をつなげる）などを取り入れ、よりナチュラルな発音へと仕上げていきます。また、スピードもナチュラルでありながら速すぎず、誰でも無理なく音声練習に取り組めます**。

*たとえば、英語の発音の特徴として、語尾（ごび）の子音（しいん）が“落ちる”ことがよくあります（cat →「キャーッ」）。しかし、基礎を固める時期には本来の音をきちんと知ってほしいため、インプットの音声では、こうした語尾の子音もわりとはっきりと発音しています。初級者の人でも「音をしっかり聞き取れる」「意味を感じながら聞ける」という体験をたくさんしてほしいためです。

**PART 1 → 2 → 3 と段階的に少しずつ発音が速くなっていきます。（ちなみに、アウトプットの音声は僕が読んでいます！）

NOBU式
トレーニングの進め方

[INPUT]

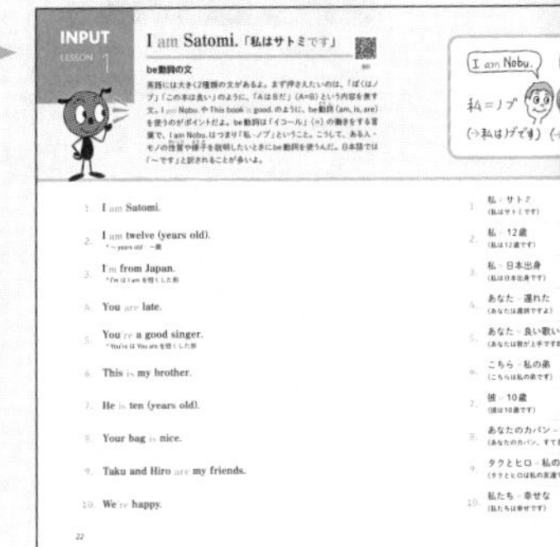
INPUT LESSON 1

I am Satomi. 「私はサトミです」

be動詞の文

1. I am Satomi.
2. I am twelve (years old).
3. I'm from Japan.
4. You are late.
5. You're a good singer.
6. This is my brother.
7. He is ten (years old).
8. Your bag is nice.
9. Taku and Hiro are my friends.
10. We're happy.

22

STEP 1 ── リーディング

左ページの英文を読みます。次に右ページの日本語訳や解説を参考にして、英語の語順で理解できているか確認しましょう。

STEP 2 ── 音　読

音声を参考に、スムーズに読めるようになるまで音読を繰り返しましょう（→声に出すことで、脳内により深くINPUTされます）。（INPUTの音声は、英文のみ収録）

STEP 3 ── シャドーイング

テキストを見ずに、聞こえてきた英語をわずかに遅れながら追いかけるように復唱しましょう。意味を理解しながら、瞬発的に復唱できるようになったら、INPUT（＝OUTPUTの準備）は完了です。

[OUTPUT]

OUTPUT LESSON 1

「私はサトミです」I am Satomi.

be動詞の文

1. ヒロです。 — I am Hiro.
2. 11歳です。 — I am eleven (years
3. 群馬出身です。 — I'm from Gunma.
4. 背が高いね！ — You're tall!
5. 料理が上手だね。 — You're a good coo
6. こちらはトモコです。 — This is Tomoko.
7. 彼女は私の友達です。 — She's my friend.
8. この本、いいよ。 — This book is good
9. 私たちは小学校からの友達です。 — We're friends fro
10. ヤスとゴロウがまた遅刻だ。 — Yasu and Goro ar

24

STEP 1 ── テキスト→英訳

INPUTの英文を少しアレンジした作文問題です。左ページの日本語文を読んで英訳し、右ページで答えを確認しましょう。

STEP 2 ── 音声→英訳

次に、テキストを見ずに、日本語を聞いて英訳します。OUTPUTの音声は、「日本語→ポーズ→英語」のようになっていますので、ポーズのところで英文をパッと話せるようになるまで、繰り返しトレーニングしましょう。ほぼ無意識に（自動的に）英訳できるようになったら、実践で使えるレベルです。

›››各STEPができるようになったら、次ページのトレーニング進捗表にチェックを入れましょう！

NOBU式トレーニング進捗表

←できたらチェックを入れましょう　ミニテストはアウトプットだけ

各PARTの最後は統合型のテストです

START

PART 1

Lesson		INPUT	OUTPUT
Lesson 1		STEP 1 ✔ / STEP 2 / STEP 3	STEP 1 / STEP 2
Lesson 2		STEP 1 / STEP 2 / STEP 3	STEP 1 / STEP 2
Lesson 3	Mini Test		STEP 1 / STEP 2
Lesson 4		STEP 1 / STEP 2 / STEP 3	STEP 1 / STEP 2
Lesson 5		STEP 1 / STEP 2 / STEP 3	STEP 1 / STEP 2
Lesson 6		STEP 1 / STEP 2 / STEP 3	STEP 1 / STEP 2
Lesson 7	Mini Test		STEP 1 / STEP 2
Lesson 8		STEP 1 / STEP 2 / STEP 3	STEP 1 / STEP 2
Lesson 9		STEP 1 / STEP 2 / STEP 3	STEP 1 / STEP 2
Lesson 10	Mini Test		STEP 1 / STEP 2
Lesson 11		STEP 1 / STEP 2 / STEP 3	STEP 1 / STEP 2
Lesson 12		STEP 1 / STEP 2 / STEP 3	STEP 1 / STEP 2
Lesson 13	Mini Test		STEP 1 / STEP 2
Lesson 14		STEP 1 / STEP 2 / STEP 3	STEP 1 / STEP 2
Lesson 15		STEP 1 / STEP 2 / STEP 3	STEP 1 / STEP 2
Lesson 16	Mini Test		STEP 1 / STEP 2
Lesson 17		STEP 1 / STEP 2 / STEP 3	STEP 1 / STEP 2
Lesson 18		STEP 1 / STEP 2 / STEP 3	STEP 1 / STEP 2
Lesson 19		STEP 1 / STEP 2 / STEP 3	STEP 1 / STEP 2
Lesson 20	Mini Test		STEP 1 / STEP 2
Lesson 21	Final Test	STEP 1 / STEP 2 / STEP 3	STEP 1 / STEP 2

PART 2

Lesson		INPUT	OUTPUT
Lesson 22		STEP 1 / STEP 2 / STEP 3	STEP 1 / STEP 2
Lesson 23		STEP 1 / STEP 2 / STEP 3	STEP 1 / STEP 2
Lesson 24		STEP 1 / STEP 2 / STEP 3	STEP 1 / STEP 2
Lesson 25	Mini Test		STEP 1 / STEP 2
Lesson 26		STEP 1 / STEP 2 / STEP 3	STEP 1 / STEP 2
Lesson 27		STEP 1 / STEP 2 / STEP 3	STEP 1 / STEP 2
Lesson 28	Mini Test		STEP 1 / STEP 2
Lesson 29		STEP 1 / STEP 2 / STEP 3	STEP 1 / STEP 2
Lesson 30		STEP 1 / STEP 2 / STEP 3	STEP 1 / STEP 2
Lesson 31	Mini Test		STEP 1 / STEP 2
Lesson 32		STEP 1 / STEP 2 / STEP 3	STEP 1 / STEP 2
Lesson 33		STEP 1 / STEP 2 / STEP 3	STEP 1 / STEP 2
Lesson 34		STEP 1 / STEP 2 / STEP 3	STEP 1 / STEP 2

できたところにチェックマークを入れましょう！

Lesson 35		INPUT	STEP 1 / STEP 2 / STEP 3
		OUTPUT	STEP 1 / STEP 2
Lesson 36	Mini Test	OUTPUT	STEP 1 / STEP 2
Lesson 37		INPUT	STEP 1 / STEP 2 / STEP 3
		OUTPUT	STEP 1 / STEP 2
Lesson 38		INPUT	STEP 1 / STEP 2 / STEP 3
		OUTPUT	STEP 1 / STEP 2
Lesson 39		INPUT	STEP 1 / STEP 2 / STEP 3
		OUTPUT	STEP 1 / STEP 2
Lesson 40		INPUT	STEP 1 / STEP 2 / STEP 3
		OUTPUT	STEP 1 / STEP 2
Lesson 41	Mini Test	OUTPUT	STEP 1 / STEP 2
Lesson 42		INPUT	STEP 1 / STEP 2 / STEP 3
		OUTPUT	STEP 1 / STEP 2
Lesson 43		INPUT	STEP 1 / STEP 2 / STEP 3
		OUTPUT	STEP 1 / STEP 2
Lesson 44	Mini Test	OUTPUT	STEP 1 / STEP 2
Lesson 45		INPUT	STEP 1 / STEP 2 / STEP 3
		OUTPUT	STEP 1 / STEP 2
Lesson 46		INPUT	STEP 1 / STEP 2 / STEP 3
		OUTPUT	STEP 1 / STEP 2
Lesson 47		INPUT	STEP 1 / STEP 2 / STEP 3
		OUTPUT	STEP 1 / STEP 2
Lesson 48	Mini Test	OUTPUT	STEP 1 / STEP 2
Lesson 49	Final Test	INPUT	STEP 1 / STEP 2 / STEP 3
		OUTPUT	STEP 1 / STEP 2
PART 3			
Lesson 50		INPUT	STEP 1 / STEP 2 / STEP 3
		OUTPUT	STEP 1 / STEP 2
Lesson 51		INPUT	STEP 1 / STEP 2 / STEP 3
		OUTPUT	STEP 1 / STEP 2
Lesson 52	Mini Test	OUTPUT	STEP 1 / STEP 2
Lesson 53		INPUT	STEP 1 / STEP 2 / STEP 3
		OUTPUT	STEP 1 / STEP 2
Lesson 54		INPUT	STEP 1 / STEP 2 / STEP 3
		OUTPUT	STEP 1 / STEP 2
Lesson 55		INPUT	STEP 1 / STEP 2 / STEP 3
		OUTPUT	STEP 1 / STEP 2
Lesson 56	Mini Test	OUTPUT	STEP 1 / STEP 2
Lesson 57		INPUT	STEP 1 / STEP 2 / STEP 3
		OUTPUT	STEP 1 / STEP 2
Lesson 58		INPUT	STEP 1 / STEP 2 / STEP 3
		OUTPUT	STEP 1 / STEP 2
Lesson 59		INPUT	STEP 1 / STEP 2 / STEP 3
		OUTPUT	STEP 1 / STEP 2
Lesson 60	Mini Test	OUTPUT	STEP 1 / STEP 2
Lesson 61		INPUT	STEP 1 / STEP 2 / STEP 3
		OUTPUT	STEP 1 / STEP 2
Lesson 62		INPUT	STEP 1 / STEP 2 / STEP 3
		OUTPUT	STEP 1 / STEP 2
Lesson 63	Mini Test	OUTPUT	STEP 1 / STEP 2
Lesson 64		INPUT	STEP 1 / STEP 2 / STEP 3
		OUTPUT	STEP 1 / STEP 2
Lesson 65		INPUT	STEP 1 / STEP 2 / STEP 3
		OUTPUT	STEP 1 / STEP 2
Lesson 66	Mini Test	OUTPUT	STEP 1 / STEP 2
Lesson 67	Final Test	INPUT	STEP 1 / STEP 2 / STEP 3
		OUTPUT	STEP 1 / STEP 2
GOAL			

●音声の再生・ダウンロードについて●

本書の音声ファイル（MP3 形式）は、INPUT パートの英文とOUTPUT パートの日本文、英文の朗読音声が収録されています（INPUT パートは英文のみ)。各セクションごとにファイルが分割されていますので、スマホやパソコン、携帯プレーヤーなどで、お好きな箇所を繰り返し聴いていただくことができます。

各セクションの冒頭にある QR コードをスマートフォンで読み取って、再生・ダウンロードしてください。

また、下記 URL と QR コードからは全音声ファイルを一括でダウンロードすることができます。

https://ibcpub.co.jp/audio_dl/0798/

※ 一括ダウンロードしたファイルは ZIP 形式で圧縮されていますので、解凍ソフトが必要です。

※ダウンロードした音声ファイルの再生には、iTunes（Apple Music）や Windows Media Player などのアプリケーションが必要です。

※ PC や端末、ソフトウェアの操作・再生方法については、編集部ではお答えできません。付属のマニュアルやインターネットの検索を利用するか、開発元にお問い合わせください。

PART 1

LESSON 1 – LESSON 21

中1英語の文法

INPUT
LESSON 1

I am Satomi.「私はサトミです」

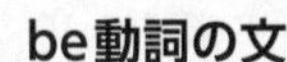

001

be動詞の文

英語には大きく2種類の文があるよ。まず押さえたいのは、「ぼくはノブ」「この本は良い」のように、「AはBだ」(A=B) という内容を表す文。I am Nobu. や This book is good. のように、be動詞 (am, is, are) を使うのがポイントだよ。be動詞は「イコール」(=) の働きをする言葉で、I am Nobu. はつまり「私=ノブ」ということ。こうして、ある人・モノの性質や様子を説明したいときにbe動詞を使うんだ。日本語では「～です」と訳されることが多いよ。

1. I am Satomi.
2. I am twelve (years old).
   * ～ years old：～歳
3. I'm from Japan.
   * I'm は I am を短くした形
4. You are late.
5. You're a good singer.
   * You're は You are を短くした形
6. This is my brother.
7. He is ten (years old).
8. Your bag is nice.
9. Taku and Hiro are my friends.
10. We're happy.

You are kind.

私＝ノブ

あなた＝優しい

(→私はノブです)　(→あなたは優しいです)

This book is good.
この本＝良い
(→この本は良いです)

1. 私＝サトミ
(私はサトミです)

> be動詞のあとに続く
> 言葉に注目しよう。
> I(私)について、
> どんな説明をしてる?

2. 私＝12歳
(私は12歳です)

3. 私＝日本出身
(私は日本出身です)

> 文のはじめにくるIやYouは、
> その文の主人公(「主語」)。
> その主語に合わせてbe動詞を使い分けよう。
> I am ～ / You are ～ / This is ～

4. あなた＝遅れた
(あなたは遅刻ですよ)

5. あなた＝良い歌い手
(あなたは歌が上手ですね)

6. こちら＝私の弟
(こちらは私の弟です)

> 近くの人を紹介するときは
> This is ～ .と言うよ。
> 「彼」はHe、「彼女」ならShe

7. 彼＝10歳
(彼は10歳です)

8. あなたのカバン＝すてき
(あなたのカバン、すてきですね)

9. タクとヒロ＝私の友達
(タクとヒロは私の友達です)

> 主語が2人以上
> (複数)のときはare。

10. 私たち＝幸せな
(私たちは幸せです)

> We are → We're

OUTPUT

LESSON 1

「私はサトミです」I am Satomi.

002

be動詞の文

日本語の文を読むときは、まず、その文の「主語」が何かをしっかり考えよう。誰(だれ)（またはた何）についての文？ そして、その主語に合わせて、続きのbe動詞のam、are、isを使い分けよう。be動詞のあとは、「11歳」（eleven）や「大阪出身」（from Osaka）といった説明を続けるよ。なお、会話ではI am → I'm、You are → You'reと短く言うことが多いよ（短縮形(たんしゅくけい)）。

1. ヒロです。（自己紹介）
   *自己紹介なので、「私は ヒロです」ということだね

2. 11歳です。（自己紹介）

3. 群馬出身です。（自己紹介）

4. 背が高いね！（相手に向けて）
   *誰の話をしている？「背が高い」はtall

5. 料理が上手だね。（相手をほめて）
   *「あなたは良い料理人だね」と表現しよう。「料理人」はcook

6. こちらはトモコです。（友達を紹介して）

7. 彼女は私の友達です。（6.の続き）

8. この本、いいよ。（オススメを紹介して）

9. 私たちは小学校からの友達です。
   *小学校からの友達：friends from elementary school

10. ヤスとゴロウがまた遅刻だ。
    *「また」は、文の最後にagainを置こう

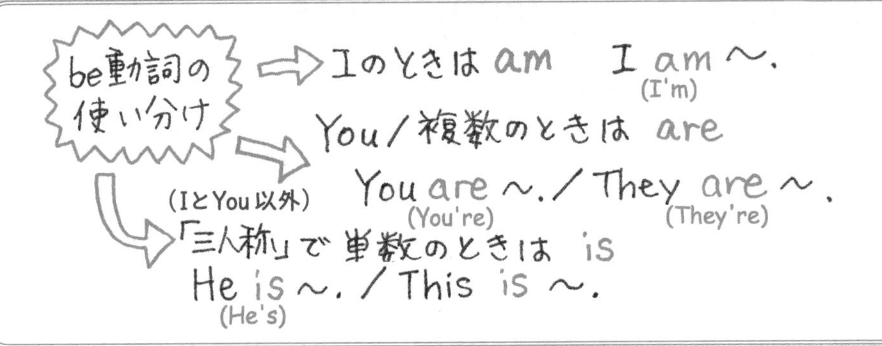

1. I'm Hiro.
(I am)

自分の話をしているので、主語は I だね。
日本語では主語を言わないことも
多いけど、英語では必ず必要だよ。

2. I'm eleven (years old).
(I am)

3. I'm from Gunma.
(I am)

4. You're tall!
(You are)

「相手」のことなので、
主語はYou(あなた)。

5. You're a good cook.
(You are)

You're a good ～. は
相手をほめるときに
よく使うよ。

6. This is Tomoko.

7. She's my friend.
(She is)

○○ is good. で、自分の
お気に入りをどんどんすすめよう!
好きな映画なら、
This movie is good.

8. This book is good.

9. We're friends from elementary school.
(We are)

「私たち」
=「小学校からの友達」

10. Yasu and Goro are late again.

INPUT

LESSON 2

I play tennis.「私はテニスをします」

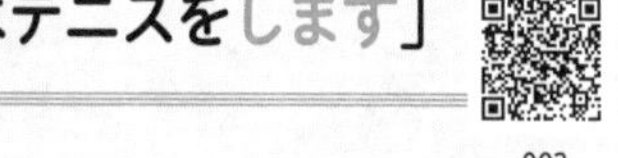

003

一般動詞の文

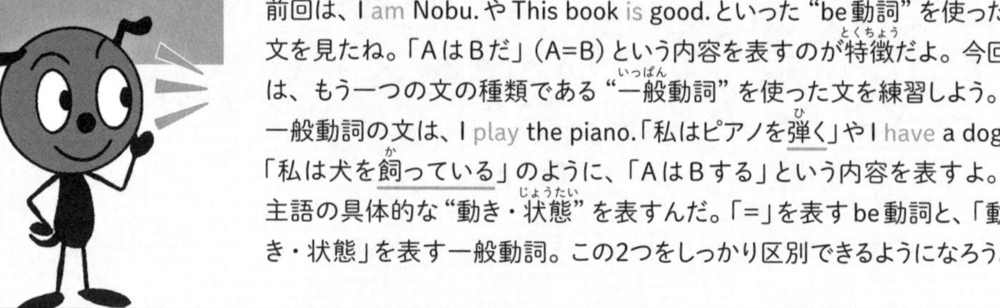

前回は、I am Nobu. や This book is good. といった “be動詞” を使った文を見たね。「AはBだ」(A=B) という内容を表すのが特徴だよ。今回は、もう一つの文の種類である “一般動詞” を使った文を練習しよう。一般動詞の文は、I play the piano.「私はピアノを弾く」やI have a dog.「私は犬を飼っている」のように、「AはBする」という内容を表すよ。主語の具体的な “動き・状態” を表すんだ。「=」を表すbe動詞と、「動き・状態」を表す一般動詞。この2つをしっかり区別できるようになろう。

1. I like sports.

2. I play basketball.

3. I want new shoes.

4. You speak good English.

5. We have a dog.

6. Ken likes music.

7. He plays the piano well.
   *well：上手に

8. Mika studies hard.
   *hard：一生懸命、熱心に

9. My father has a guitar.

10. Ms. Kato teaches math.

be動詞の文	一般動詞の文	〔よくあるミス〕
I am Nobu.	I play the guitar.	I am play the guitar.
私＝ノブ	私は弾く　ギターを	be動詞と一般動詞を混ぜるのはダメ！
AはBだ	AはBする	

1. 私は好き スポーツが
(私はスポーツが好きです)

・好き →（何が？）→スポーツが
・やる →（何を？）→バスケットボールを
「一般動詞」→「対象」の流れを意識しよう。

2. 私はする バスケットボールを
(私はバスケットボールをします)

3. 私はほしい 新しいくつが
(私は新しいくつがほしいです)

4. あなたは話す 上手な英語を
(あなたは英語を上手に話しますね)

「日本語」なら Japanese。

5. 私たちは飼っている (一匹の)犬を
(私たちは犬を飼っています)

6. ケンは好き 音楽が
(ケンは音楽が好きです)

主語が三人称（IとYou以外）で単数の場合は、一般動詞にsをつけるよ。
I like → Ken likes

7. 彼は弾く ピアノを 上手に
(彼はピアノを上手に弾きます)

8. ミカは勉強する 一生懸命（いっしょうけんめい）
(ミカは一生懸命勉強します)

9. 私の父は持っている (一本の)ギターを
(私の父はギターを持っています)

10. 加藤さんは教えている 数学を
(加藤さんは数学を教えています)

これらの一般動詞はsのつけ方に注意
study（勉強する）→ studies
have（持っている）→ has
teach（教える）→ teaches
watch（見る）→ watches

OUTPUT

LESSON 2

「私はテニスをします」 I play tennis.

004

一般動詞の文

日本語は「私はギターを弾く」のように、文の最後に動詞が来るよ。だけど、英語の場合は、I play the guitar. と主語の直後に動詞が来るのが特徴だよ。「私は弾く」→(何を?)→「ギターを」。こんな感じで文を組み立てよう。なお、主語が三人称単数(さんにんしょうたんすう)(I, you 以外の単数)のときは、一般動詞は「sのついた形」にしたね。書くときは、sのつけ方に注意しよう。

1. 私は音楽が好きです。

2. 私、ピアノを弾くんだ。

3. 新しいラケットがほしいなぁ。(自分の希望)
*新しいラケット：a new racket

4. 日本語を上手に話しますね。(相手をほめて)

5. 私たちは、犬を2匹飼ってるよ。

6. 私のお姉ちゃん、料理が好きなんだ。
*料理：cooking

7. 彼女は上手に料理します。
*料理する：cook

8. 私の父は英語を一生懸命勉強します。

9. ケンジはかっこいい自転車を持っています。
*かっこいい自転車：a cool bike

10. 私の母は、韓国ドラマを見ます。
*韓国ドラマ：Korean dramas

主語がI/You/複数

I play the guitar.
私は弾く ギターを

主語がI/You以外で単数
…"sのついた形"に！
She plays the guitar.
I have～. → He has～.
You study～. → Aki studies～.

1. I like music.

2. I play the piano.

〈主語+動詞〉を言ったあとに、「何が？」「何を？」の内容を続けよう。I play「私は弾く」→（何を？）→ the piano「ピアノを」

3. I want a new racket.

4. You speak good Japanese.
（または You speak Japanese well.）

5. We have two dogs.

a dog → two dogs
数が2つ以上（複数）のときはsをつけるよ。

6. My sister likes cooking.

7. She cooks well.

主語がIとYou以外（三人称）で単数 → 一般動詞にsをつける

8. My father studies English hard.

9. Kenji has a cool bike.

10. My mother watches Korean dramas.

sのつけ方に注意
study → studies
have → has
watch → watches
teach → teaches

OUTPUT
Mini Test
LESSON 3

be動詞・一般動詞

005

be動詞と一般動詞をしっかり区別しよう

英語には大きく2種類の文があるんだったね。be動詞を使った文（AはBだ）と、一般動詞を使った文（AはBする）。この2つは全く別物なので、×I am like tennis. のように両方を混ぜて使わないようにね。なお、be動詞は主語に合わせて am, are, isを使い分けること、一般動詞は主語が三人称単数（I, you以外の単数）の場合は“sのついた形”にすることに注意しよう。

1. 山本です。（自己紹介）

2. テニスが好きです。（自己紹介）

3. 私たちは猫を２匹飼っています。

4. この映画、いいよ。（オススメを紹介して）

5. テニスが上手だね！（相手をほめて）
*tennis player を使おう

6. トム（Tom）はギターを弾くよ。
*ギター：guitar

7. あなたの犬、かわいいね。
*かわいい：cute

8. 新しい自転車がほしいなぁ。（自分の希望）

9. ケンとジュンは東京出身です。

10. ホンダさん（Mr. Honda）はかっこいい車を持っています。
*車：car

be動詞の文
I am ～. / You are ～.
We are ～. ＊複数のとき
She is ～.
＊三人称単数のとき
一般動詞の文
I / You / We play ～.
She plays ～.
＊三人称単数のときだけ
"sのついた形"に！

1. I'm Yamamoto.

2. I like tennis.

3. We have two cats.

4. This movie is good.

5. You're a good tennis player!
(または You play tennis well!)

6. Tom plays the guitar.

7. Your dog is cute.

8. I want a new bike.

9. Ken and Jun are from Tokyo.

10. Mr. Honda has a cool car.

No.1

英語は「動詞」がすごく大事

動詞は英語の文を作る上でいちばん大事な言葉だよ。家で言えば、「大黒柱」のようになくてはならないもの。日本語だと、「私、ヨウコ」「このピザおいしい」のように動詞を省略(しょうりゃく)して言っても問題ないことが多いけど、英語の文は、原則(げんそく)として必ず動詞が必要だよ。〈主語＋動詞～〉の形で文を組み立てていくのが英語の大事なルール。

英語の動詞には「be 動詞」と「一般動詞」の 2 種類があるよ。be 動詞は am/ are/ is で、「主語」と「主語を説明する語」をつなげるイコール（＝）のような働きをするんだったね。一般動詞は play や eat など be 動詞以外の動詞のことで、主語の「動作・状態」を表すよ。

注意したいのは、主語が He/ She/ This など、I と You 以外で単数（1 人、1 つ）の場合。こうして主語が "三人称単数" のときは、一般動詞の最後に "s" をつけよう。大部分の動詞は play → plays、like → likes とそのまま s をつければいいんだけど、そうではない動詞もあったね。次のパターンを押さえておこう。

1 「y」を「i」に変えてから「es」をつける

例）**study → studies　carry → carries　try → tries**

→「a, e, i, o, u 以外の文字＋ y」で終わる動詞はこのパターン

2 「es」をつける

例）**watch → watches　teach → teaches　go → goes**

→「o, s, x, ch, sh」で終わる動詞はこのパターン

なお、have にいたっては上記のどちらのパターンにも当てはまらず、「has」という別の形に変わるよ。have → has の変化は要注意。

例）**I have a cat. Ken has a dog.**

（私はネコを飼っています。ケンは犬を飼っています）

以下に、重要な動詞を一覧にしてまとめたよ。今後、勉強を続けていく中でどんどん新しい動詞が出てくるけど、ひとつひとつ、しっかり覚えていこうね。「動詞を制(せい)する者は英語を制する！」（動詞に強くなると、英語がとても上手になる！）

››› まず押さえたい！

like （好き）	**have** （持っている、食べる）	**live** （住む）	**want** （ほしい）	**play** （（スポーツを）する、（楽器を）弾(ひ)く）
go （行く）	**see** （見る）	**eat** （食べる）	**make** （作る）	**enjoy** （楽しむ）
get （得る）	**help** （助ける）	**do** （やる）	**study** （勉強する）	**sleep** （寝る）

››› これも大事！

know （知っている）	**come** （来る）	**listen** （聞く）	**read** （読む）	**write** （書く）
speak （話す）	**watch** （見る）	**teach** （教える）	**walk** （歩く）	**run** （走る）
talk （話す）	**use** （使う）	**take** （取る）	**clean** （掃除(そうじ)をする）	**finish** （終える）
wash （洗う）	**practice** （練習する）	**buy** （買う）	**cook** （料理する）	**work** （働く）

››› 発展！ カタマリで使う動詞

get up （起きる）	**go to bed** （寝る）	**take a bath** （風呂に入る）	**take a shower** （シャワーを浴びる）

INPUT
LESSON 4

I live in Gunma.

「私は群馬に住んでいます」

006

前置詞で情報をつけたす① 【in/ at/ on】

英語は〈主語+動詞〉の順番で文を組み立てるのが基本ルール。動詞には、be動詞と一般動詞の2種類があって、これらを区別することが大切だったね。この基本がわかったところで、今度は、文にもっと内容を加えてみよう。たとえば、I live.「私は住んでいる」。これだけでは、文として内容が足りない感じがするよね。「どこに住んでるの?」などと知りたくなるはず。前置詞を使えば、I live in Osaka.「大阪に住んでいます」のように情報をつけたせるよ。今回は、in、on、atの3つの基本前置詞を使って、「どこ?」「いつ?」という具体的な情報をつけたす方法を見てみよう。

1. I live in Gunma.

2. We study at the library.

3. My dog often sleeps on the sofa.
   *often:よく、sleep:眠る

4. Mom is in the kitchen.

5. I'm at home.

6. Your bag is on the bed.

7. We have a lot of rain in June.
   *a lot of ～:たくさんの

8. I have a test on Friday.

9. The game is on June 4.

10. I usually get up at six.
    *usually:ふだん、get up:起きる

主語＋動詞 ＋「どこに?」「いつ?」

• I live in Osaka. 「どこに?」
私は住んでいる 大阪に (→私は大阪に住んでいる)

• I have practice on Friday. 「いつ?」
私は練習がある 金曜日に (→私は金曜日に練習がある)

1. 私は住んでいる 群馬に
(私は群馬に住んでいます)

「主語+動詞」→「どこ?」という
流れを意識しよう。
私は勉強する →(どこで?)→図書館で

2. 私たちは勉強する 図書館で
(私たちは図書館で勉強します)

at 〜 →(1点を指して)〜で
in 〜 → 〜の“中”に
on 〜 → 〜の“上”に
この基本の使い分けを押さえよう。

3. 私の犬はよく眠る ソファー(の上)で
(私の犬はよくソファーで寝ます)

4. 母 = 台所に
(お母さんは台所にいます)

be動詞のあとに
前置詞を続けると、
「〜にいる」「〜にある」。

5. 私 = 家に
(私は家にいます)

6. あなたのカバン = ベッドの上に
(あなたのカバンはベッドの上にあります)

7. 私たち(の地域)はたくさん雨がある 6月に
(6月はたくさん雨が降ります)

7. 〜 10. では、
「いつ?」という情報を
つけたしているよ。
in、on、at は
どう使い分けられてる?
(月の場合は○○、
曜日の場合は○○)

8. 私はテストがある 金曜日に
(私は金曜日にテストがあります)

9. 試合 = 6月4日に
(試合は6月4日にあります)

10. 私はふだん起きる 6時に
(私はふだん、6時に起きます)

OUTPUT
LESSON 4

「私は群馬に住んでいます」
I live in Gunma.

007

前置詞で情報をつけたす① 【in/ at/ on】

I live in Osaka.のように、〈主語+動詞〉を組み立ててから、前置詞を使って「どこ?」または「いつ?」の内容をつけたそう。前置詞を使うときは、in、on、atの使い分けが大事だよ。右の図や解説の吹き出しを参考にしながら、使い分けのポイントをしっかりつかもう。

1. 私は千葉に住んでいます。

2. 私の兄さんは、本屋で働いてるんだ。
*働く：work、本屋：a bookstore

3. 私のネコ、よく私のベッドの上で寝るんだ。
*よく：often

4. 私の学校は奈良にあります。

5. 私たち、(今) 東京ディズニーランドにいるんだ。(電話で「何してるの?」と聞かれて) *東京ディズニーランド：Tokyo Disneyland

6. あなたのメガネ、テーブルの上にあるよ。
*あなたのメガネ：your glasses、テーブル：the table

7. 私たちの学校は、夏にたくさんのイベントがあります。
*たくさんのイベント：a lot of events、夏：summer

8. 私たちは土曜日に野球の練習があります。
*野球の練習：baseball practice

9. 文化祭は10月10日だよ。
*文化祭：the school festival、10月：October

10. 私はふだん、9時に寝ます。
*「寝る」はここではgo to bed (床につく) で表そう

in/on/atの使い分けが大事！

		どこに？	いつ？
in	⇨	～の中に	（月・季節・年）に
on	⇨	～の上に	（特定の日）に
at	⇨	～で（1点のイメージ）	（時刻）に

※くわしくは p.286を見てね。

1. I live in Chiba.

2. My brother works at a bookstore.

3. My cat often sleeps on my bed.

live in ～
「～（の地域内）に住む」
work at ～
「（地図上の1点を指して）～で働く」
sleep on ～
「～の上に眠る」

4. My school is in Nara.

5. We're at Tokyo Disneyland (now).

「～にある（いる）」と
主語の場所を
説明するときは、
"be動詞"のあとに前置詞。

6. Your glasses are on the table.

7. Our school has a lot of events in summer.

8. We have baseball practice on Saturday.

9. The school festival is on October 10.

10. I usually go to bed at nine.

in → on → at
の順番で
時の範囲が
せまくなっていくよ。

I play tennis with my friends.

「私は友達とテニスをします」

008

前置詞で情報をつけたす② 【その他】

in、on、atの前置詞を使うことで「どこ?」「いつ?」という情報がつけたせることがわかったね。この3つが最もよく使う前置詞だけど、種類はこれに限らないよ。今回は、その他の大事な前置詞をマスターしよう。文の組み立て方は前回と同じで、〈主語+動詞〉のあとに〈前置詞+～〉が続くよ。青文字の部分に注目して、「どこに?」「いつ?」「誰と?」「どうやって?」といった情報を読み取ろう。

1. This bus goes to Kyoto Station.

2. Jack comes from Canada.

3. I play soccer with my friends.

4. I usually study for two hours.
   *usually：ふだん

5. My brother always talks about baseball.
   *always：いつも

6. We have practice after school.
   *practice：練習

7. I do my homework before dinner.

8. I go to school by bus.

9. I'm with Yuko.

10. This book is about a famous soccer player.
    *famous：有名な

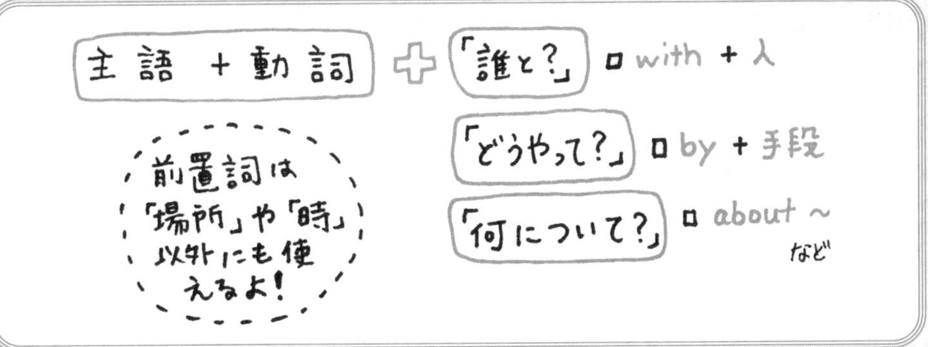

1. このバスは行く 京都駅に
(このバスは京都駅行きです)

2. ジャックは来ている カナダから
(ジャックはカナダから来ています)

to ～は「～に」と方向や行き先を表すよ。
go to ～「～に行く」
walk to ～「～まで歩く、～に歩いて行く」
反対に、from ～は「～から」

3. 私はサッカーをする 友達と一緒に
(私は友達とサッカーをします)

4. 私はふだん勉強する 2時間
(私はふだん、2時間勉強します)

for ～は、何かをしている「期間の長さ」を表すよ。
for ten days「10日間」

5. 私の兄はいつも話す 野球について
(私の兄はいつも野球について話しています)

about ～
「～について」

6. 私たちは練習がある 学校の後に
(私たちは放課後に練習があります)

7. 私は宿題をやる 夕飯の前に
(私は夕飯の前に宿題をやります)

after ～ (～の後に)
⇅
before ～ (～の前に)

8. 私は学校に行く バスで
(私はバスで学校に行きます)

by train「電車で」、
by car「車で」
(移動手段)

9. 私 ＝ ユウコと一緒
(私は今ユウコといます)

10. この本 ＝ 有名なサッカー選手について
(この本は、有名なサッカー選手についてのものです)

OUTPUT LESSON 5

「私は友達とテニスをします」
I play tennis with my friends.

009

前置詞で情報をつけたす②【その他】

〈主語+動詞〉を組み立てたあとに、内容に合わせて前置詞を使い分けて、細かい情報をつけたしてみよう。前置詞の種類が増えてきたので、右にポイントをまとめたよ。go to 〜、come from 〜、talk about 〜など、よくセットで使うものはこのままの形で覚えちゃおう。

1. 私は歩いて学校に行くよ。（通学方法を説明して）

2. 多くの観光客がアジアから来ます。
*多くの観光客：many visitors、アジア：Asia

3. 私はヨウヘイと練習します。

4. 私はふだん、7時間寝ます。

5. ユウタはいつもマンガについて話してるよね。
*マンガ：manga

6. 私は放課後にピアノのレッスンがあるんだ。（お誘(さそ)いをことわって）
*ピアノのレッスン：piano lessons

7. 私は朝ごはんの前にシャワーを浴びます。
*シャワーを浴びる：take a shower、朝ごはん：breakfast

8. 私のお母さんは電車で仕事に行きます。
*仕事：work

9. 私は（今）ヒロコとアサミといるよ。

10. この映画は、有名な歌手についてだよ。
*歌手：singer

セットで覚えたい前置詞

- from ～と to ～
  come from ～「～から来る」
  go to ～「～へ行く」
- before ～と after ～
  「～の前に」　「～のあとに」

これも大事

- for ～「～の間」
  for five hours「5時間」
- about ～「～について」
  talk about ～「～について話す」

1. I walk to school.
「～に行く」は go to ～、「～に歩いて行く」は walk to ～

2. Many visitors come from Asia.

3. I practice with Yohei.
「～と（一緒に）」は with ～

4. I usually sleep for 7 hours.
for ～は他に「～のために」という意味もあるよ。

5. Yuta always talks about manga.

6. I have piano lessons after school.
after school で「学校の後に」→「放課後に」

7. I take a shower before breakfast.

8. My mother goes to work by train.
goes to ～と言ったあとで、by ～で移動手段を言おう。

9. I'm with Hiroko and Asami (now).

10. This movie is about a famous singer.
○○ is about ～. は本や映画の内容を説明するときに便利。

INPUT

LESSON 6

I'm busy now. 「今は私は忙しいです」

010

副詞で情報をつけたす

今回は、"情報をつけたす"シリーズの最後だよ。副詞(ふくし)を使ったパターンを見てみよう。副詞とは、today（今日）、there（そこに）、hard（一生懸命）のように、それ一語で「いつ?」「どこ?」「どんな風に?」といった情報をプラスできる言葉だよ。例）I'm busy today.「私は今日は忙しい」、You sing well.「あなたは上手に歌うね」。これまでと同じように、〈主語+動詞〉のあとに来る青字の部分に注目して、追加されている情報を読み取ろう。

1. I'm busy now.
2. It's my birthday today.
3. He eats curry every day.
4. My father works hard.
5. You play the guitar well.
6. We often study together.
7. I live here.
8. Yuka lives there.
9. We usually walk to school.
10. He always comes late.

主語＋動詞 ＋ 副詞

「いつ？」

I'm busy today.（→私は今日忙しいです）
私は忙しい 今日

「どんな風に？」

She studies hard.（→彼女は一生懸命勉強しています）
彼女は勉強する 一生懸命

1. 私は忙しい 今
（私は今、忙しいです）

2. 私の誕生日だ 今日は
（今日は私の誕生日です）

1.～3.は、「いつ？」の情報をつけたしているね。

3. 彼はカレーを食べる 毎日
（彼は毎日カレーを食べます）

4. 私の父は働く 一生懸命
（私の父は一生懸命働きます）

5. あなたはギターを弾く 上手に
（あなたは上手にギターを弾きますね）

6. 私たちはよく勉強する 一緒に
（私たちはよく一緒に勉強します）

4.～6.は、「どんな風に？」を説明してるよ。

7. 私は住んでいる ここに
（私はここに住んでいます）

8. ユカは住んでいる あそこに
（ユカはあそこに住んでいます）

7.～8.は、「どこに？」

9. 私たちはふだん歩いて学校に行く
（私たちはふだん、歩いて学校に行きます）

10. 彼はいつも来る 遅くに
（彼はいつも遅刻して来ます）

usuallyやalwaysは頻度(ひんど)を表す副詞。これらは一般動詞の前に置くのが基本だよ。late（遅くに）は、get up late「遅くに起きる」、go to bed late「遅くに寝る」も定番。

OUTPUT
LESSON 6

「今は私は忙しいです」 I'm busy now.

011

副詞で情報をつけたす

〈主語+動詞〉のあとに副詞を続けて、「いつ?」「どこ?」「どんな風に?」といった内容をつけたそう。前置詞は「前置詞+名詞」というカタマリで使うけど、副詞はnowやhereなど1語で使う点に注意しよう。また、usuallyやoftenなど頻度を表す副詞は、一般動詞の前に置こう。

1. 今、家なんだ。（居場所を聞かれて）

2. 今日はバレンタインデーだ。
   *バレンタインデー：Valentine's Day

3. 私は毎日、ピアノを弾きます。

4. 私の妹は一生懸命勉強します。

5. 彼女は上手に英語を話します。

6. 私とサトミは一緒に学校に行きます。
   *英語ではSatomi and Iの順番で言おう（相手が先）

7. 私はここでテニスのレッスンを受けてるんだ。（友達に案内して）
   *テニスのレッスンを受ける：take tennis lessons

8. エリコはあそこに住んでるんだよ。（少し離れたマンションを指差して）

9. 私たちは、よくここでサッカーをするんだ。

10. 私の父は、日曜日は遅くに起きます。

1. I'm at home now.

2. It's Valentine's Day today.

3. I play the piano every day.

every dayは2語だよ（×everyday）。ちなみに、「毎週」ならevery week。

4. My sister studies hard.

副詞は動詞のあとに置くのが基本。ただ、頻度を表す副詞は、普通は一般動詞の前。

5. She speaks English well.

6. Satomi and I go to school together.

他にrun fast「速く走る」やgo home「家に帰る」も覚えておきたい副詞。

7. I take tennis lessons here.

8. Eriko lives there.

9. We often play soccer here.

それぞれの副詞の位置に注意。

10. My father gets up late on Sundays.

on Sundaysと複数形にすることで、1回きりではなく、「ふだん日曜日は（遅い）」の意味になるよ。

OUTPUT

Mini Test

LESSON 7

前置詞・副詞

012

前置詞・副詞をまとめて練習しよう

Lesson 4〜6では、様々な前置詞や副詞を使って「いつ?」「どこ?」「誰と?」「どんな風に?」といった内容をつけたす練習をしてきたね。こうして情報をプラスすることを「修飾(しゅうしょく)する」と言うよ。今回は、これまで見てきた修飾パターンを全部混ぜた問題に挑戦しよう。〈主語+動詞〉に対して、どんな内容がつけたされているだろうか? これまで青字で示していた修飾の部分を、ここでは黒字のままにしているので、修飾部分をしっかり見抜いて英文を組み立てよう。

1. 私は秋田に住んでいます。

2. 私は8時に学校に行きます。

3. 私は今、忙しいんです。

4. あなたのカバン、ベッドの上にあるよ。

5. 彼は毎日、サッカーをします。

6. 私は金曜日はピアノのレッスンがあります。
   *ふだんの金曜日のことを言ってるよ

7. ジョン (John) は日本語を上手に話します。

8. 運動会は9月です。
   *運動会：Sports Day，9月：September

9. 私のお母さんは時々、図書館で勉強します。

10. 私はふだん、放課後は友達と遊びます。
    *〜と遊ぶ：play with 〜

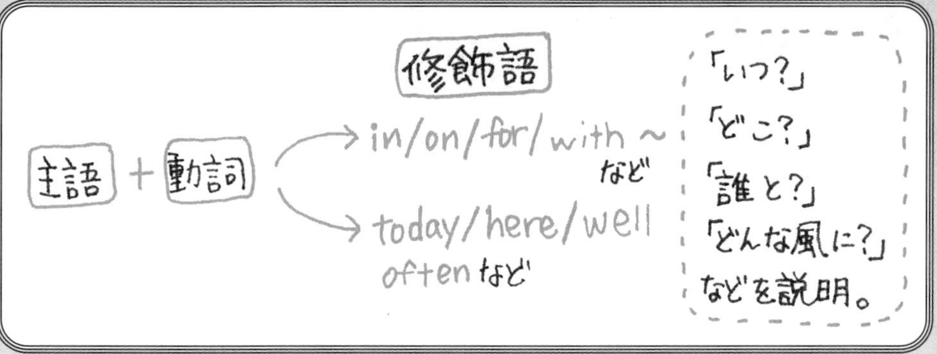

1. **I live in Akita.**

2. **I go to school at eight.**

3. **I'm busy now.**

4. **Your bag is on the bed.**

5. **He plays soccer every day.**

6. **I have piano lessons on Fridays.**

7. **John speaks Japanese well.**

8. **Sports Day is in September.**

9. **My mother sometimes studies at the library.**

10. **I usually play with my friends after school.**

もうここまで話せるよ！

ここまででbe動詞・一般動詞の使い分けと、前置詞・副詞を使った「情報のつけたし」を練習してきたね。これは中１の最初に学習する基本の「き」で、英語を話せるようになるためにとても大事なポイントなんだ。みんなもこの本でしっかり練習することで、実はすでにかなり多くのことが英語で言えるようになっているよ。

このコラムでは、これまで学んだ英語を使った短い英会話のスピーチを紹介するね。❶自己紹介、❷ふだんの生活について、❸友達の紹介 の３つの英文を用意したよ。実際（じっさい）の会話で使えるスピーチになっているので、みんなも声に出して練習しよう。また、自分のことに置きかえてオリジナルのスピーチも作ってみてね！

››› スピーチ❶　自己紹介

Hi, I'm Hiroko. I'm thirteen years old. I'm a junior high school student. I live in Saitama. I like books. I usually read a book for two hours a day.

*junior high school：中学校 / student：生徒

こんにちは。私はヒロコ。13歳の中学生です。埼玉に住んでいます。私は本が好きです。ふだん、1日２時間本を読みます。

》》スピーチ 2　ふだんの生活について

I go to Aoba Junior High School. I usually go to school with my friend Maki at eight o'clock. I'm a member of the tennis club. I play tennis after school on Tuesdays and Fridays. I want a new racket for my next tournament.

*a member of ～：～のメンバー / next：次の / tournament：大会

私は青葉中学校に通っています。私はふだん、友達のマキと８時に学校に行きます。私はテニス部のメンバーです。火曜日と金曜日の放課後にテニスをします。次の大会のために新しいラケットがほしいです。

》》スピーチ 3　友達の紹介

This is my best friend Erika. She is a friend from elementary school. She lives near my house. Erika and I like shopping. We sometimes go shopping in Harajuku together. Harajuku has many cute shops. It's fun.

*shopping：ショッピング、買い物 / near ～：～の近くに / go shopping：買い物に行く / fun：楽しい

こちらは親友のエリカです。彼女は小学校からの友達です。私の家の近くに住んでいます。エリカと私は買い物が好きです。たまに一緒に原宿にショッピングに行きます。原宿にはかわいいお店がたくさんあります。楽しいです。

INPUT LESSON 8

I don't play tennis.
「私はテニスをしません」

013

否定文

今回は「お腹が空いていない」や「冬が好きじゃない」のように、ある内容を否定(ひてい)したいときの言い方を見てみよう(こうした文を「否定文」と言うよ)。be動詞の文では、be動詞のあとにnotを置くことで否定文が作れるよ。一般動詞の文の場合は、動詞の前にdon't(またはdoesn't)を置こう。notやdon't(doesn't)が出てきたら、その直後の内容が否定されるということだよ。この点をまず押さえよう。

1. I am not hungry now.
2. I'm not from Osaka.
3. This is not my racket.
4. Tom and Joe are not at home.
5. We're not tired.
6. I don't like winter.
7. I don't play tennis.
8. We don't have a pet.
9. My mother doesn't play sports.
10. Ms. Smith doesn't speak Japanese.

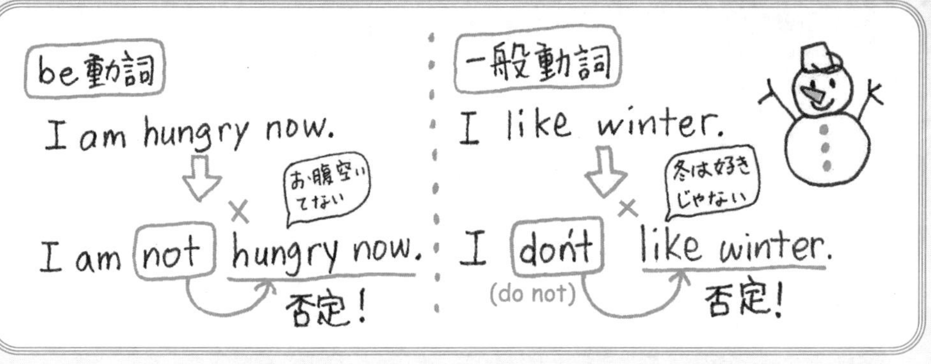

1. 私は (×) 今、お腹が空いている
(私は今、お腹が空いていません)

2. 私は (×) 大阪出身
(私は大阪出身ではありません)

3. これは (×) 私のラケット
(これは私のラケットではありません)

4. トムとジョーは (×) 家にいる
(トムとジョーは家にいません)

5. 私たちは (×) 疲れた
(私たちは疲れていません)

6. 私は (×) 冬が好き
(私は冬が好きではありません)

7. 私は (×) テニスをする
(私はテニスをしません)

8. 私たちは (×) ペットを飼っている
(私たちはペットを飼っていません)

9. 私の母は (×) スポーツをする
(私の母はスポーツをしません)

10. スミス先生は (×) 日本語を話す
(スミス先生は日本語を話しません)

not/ don'tのうしろに注目。
どんな内容を否定している?
*日本語訳では(×)がnot/ don'tの否定の働きを表してるよ。

1. ~ 5. は be動詞の文の否定文(be動詞のあとにnot)。
is not → isn't、are not → aren't と短縮できるよ。

6. ~ 10. は一般動詞の文の否定文(一般動詞の前にdon't)。

主語が三人称単数の場合は、don'tの代わりにdoesn't(doesはdoにsがついた形)。

OUTPUT

LESSON 8

「私はテニスをしません」I don't play tennis.

014

否定文

否定文を作るときは、「be動詞を使った文なのか」「一般動詞を使った文なのか」に注意することがまず大事だよ。たとえば、「私は東京出身ではない」と言いたい場合。「東京出身だ」という内容はI am from Tokyo.のようにbe動詞で表すので、否定文はI am not from Tokyo.になるね（be動詞のあとにnot）。一般動詞の文なら、I don't like ～.やShe doesn't play ～.の形に（動詞の前にdon'tやdoesn't）。notやdon't（doesn't）で否定を表してから、否定したい内容を続けるのがポイントだよ。

1. 私は今は忙しくないよ。

2. 私は歌が上手じゃないんだ。（カラオケのお誘いをことわって）
*a good singerを使って表してみよう

3. テストは簡単じゃないよ。（テスト勉強をサボる友人に）
*簡単な：easy

4. 私の両親は、今、家にいません。
*両親：parents

5. 私たちはお腹が空いていません。

6. 私、テストきらい。
*「好きじゃない」と表現しよう

7. 私の両親はスポーツをしない。

8. 携帯電話（けいたいでんわ）は持ってないんだ。
*携帯電話：a cellphone

9. 私のお兄さんはテレビを見ないんだ。

10. このパソコン、動かないね。
*パソコン：computer、動く：work

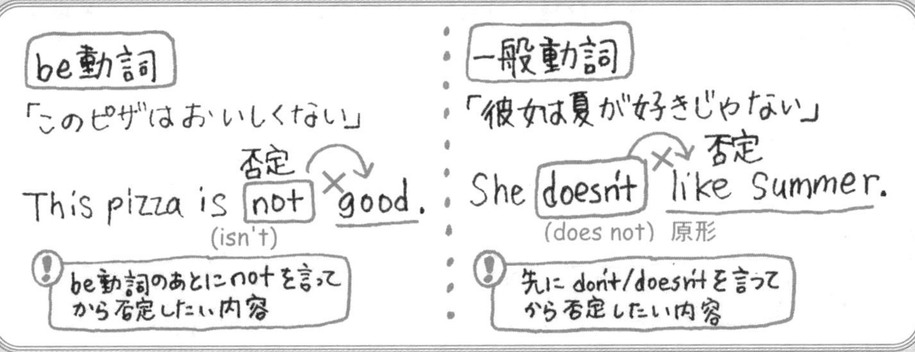

1. I'm not busy now.

2. I'm not a good singer.

> こうした主語の性質・様子を説明する文はbe動詞。notで"busy now"や"a good singer"を否定しよう。

3. The test isn't easy.
(is not)

4. My parents aren't at home.
(are not)

> 前置詞を続けるパターン（at homeを否定）

5. We're not hungry.
(We aren't)

6. I don't like tests.

7. My parents don't play sports.

> don'tで"like tests"や"play sports"（一般動詞〜）を否定しよう。
> ミス注意 → ×I'm not like 〜.
> ×I'm not play 〜.
> これはbe動詞と一般動詞が混ざっちゃってるね。

8. I don't have a cellphone.

9. My brother doesn't watch TV.

10. This computer doesn't work.

> 主語が三人称単数ならdoesn't
> I don't 〜 → He doesn't 〜
> ただし、続く動詞は原形（もとの形）のままに。×doesn't watches

INPUT

LESSON 9

Do you play tennis?

「あなたはテニスをしますか？」

015

疑問文

今回は「お腹が空いていますか?」や「冬が好きですか?」のように、質問をしたいときの言い方を見てみよう（「疑問文」）。be動詞の文では、be動詞を主語の前に出す（=Are/ Isで文を始める）ことで疑問文ができるよ。一方で、一般動詞の文の場合は、do/ doesを主語の前に置く（=Do/ Doesで文を始める）のがポイント。出だしのAreやDoを見たら（聞いたら）、「質問がくる!」と考えよう。

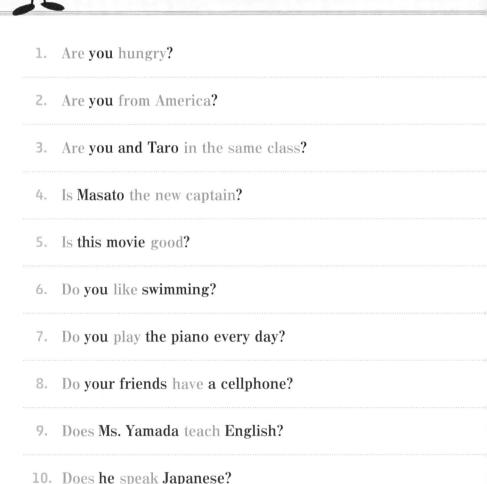

1. Are you hungry?

2. Are you from America?

3. Are you and Taro in the same class?

4. Is Masato the new captain?

5. Is this movie good?

6. Do you like swimming?

7. Do you play the piano every day?

8. Do your friends have a cellphone?

9. Does Ms. Yamada teach English?

10. Does he speak Japanese?

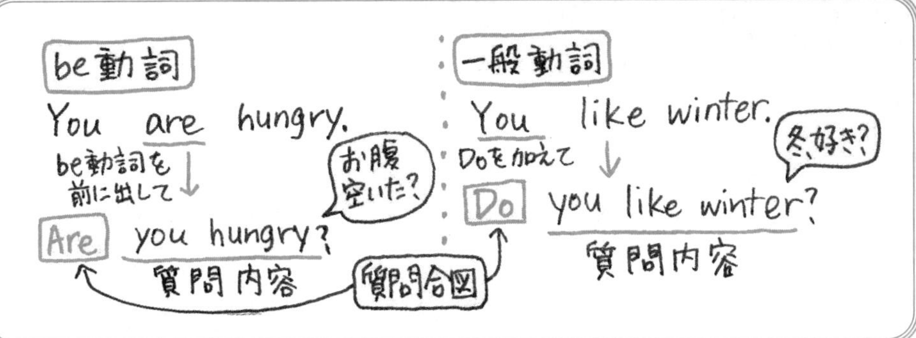

1. (質問) あなたは お腹が空いた？
(あなたはお腹が空きましたか？)

2. (質問) あなたは アメリカ出身？
(あなたはアメリカ出身ですか？)

3. (質問) あなたとタロウは 同じクラス？
(あなたとタロウは同じクラスですか？)

出だしのAre/ Isは
質問の合図。
続く質問内容
(主語+○○)に注目して、
何を聞いているのかを
キャッチしよう。

4. (質問) マサトは 新しいキャプテン？
(マサトは新しいキャプテンですか？)

5. (質問) この映画は いい？
(この映画はいいですか？)

6. (質問) あなたは好き 水泳が？
(あなたは水泳が好きですか？)

7. (質問) あなたはピアノを弾く 毎日？
(あなたは毎日ピアノを弾きますか？)

出だしのDo/ Doesは、
"一般動詞"の質問の合図。
続く質問内容
(主語+一般動詞～)を
しっかりキャッチしよう。

8. (質問) あなたの友達たちは持っている 携帯電話を？
(あなたの友達たちは携帯電話を持っていますか？)

9. (質問) 山田先生は教えている 英語を？
(山田先生は英語を教えているのですか？)

10. (質問) 彼は話す 日本語を？
(彼は日本語を話しますか？)

主語が三人称単数のときは
Does ～？

「あなたはテニスをしますか？」

Do you play tennis?

016

疑問文

否定文と同様、疑問文を作るときにも「be動詞を使った文なのか」「一般動詞を使った文なのか」に注意しよう。be動詞を使った文（主語の性質・様子を説明）の場合は、Are you busy?のように、be動詞で文を切り出してから、質問内容を「主語+主語を説明する語」（you busy）の順番で続けるよ。一方で、一般動詞の文なら、Do you have a pet?のようにDo/ Doesで切り出してから、「主語+一般動詞～」（you have ～）の形で質問内容を続けよう。なお、一般動詞は必ず原形（sのつかない形）を使うことに注意してね。

1. 疲れてる？（相手に）
*「疲れた」はtired

2. 今、家？（相手に）

3. あなたとタクは兄弟ですか？
*兄弟：brothers

4. 田中先生（Ms. Tanaka）って、新しい歴史の先生？
*歴史：history

5. それ、おいしい？（料理の感想を尋（たず）ねて）

6. このゲーム、知ってる？（相手に）

7. 土曜日は学校あるの？（相手に）

8. アメリカ人はお寿司を食べるの？
*アメリカ人：American people

9. エイミー（Amy）は私のことを知ってる？

10. 彼女はカナダから来ているの？（出身地を尋ねて）

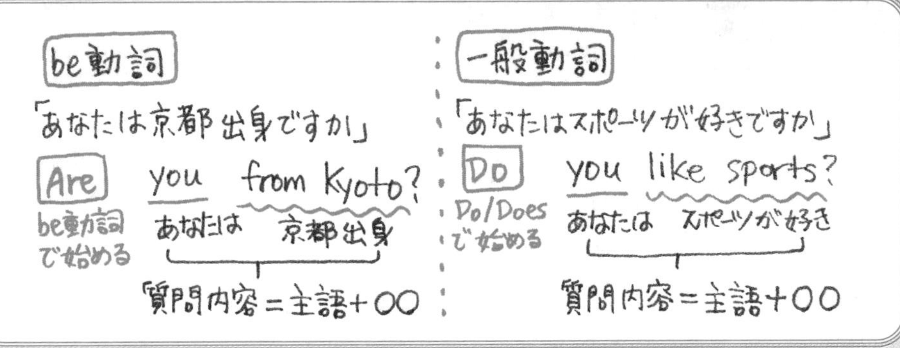

1. Are you tired?

2. Are you at home now?

3. Are you and Taku brothers?

主語は you and Taku

4. Is Ms. Tanaka the new history teacher?

Isのあとに、質問したい内容「田中先生は、新しい歴史の先生？」Ms. Tanaka the new history teacher? を続けよう。

5. Is that good?

6. Do you know this game?

7. Do you have school on Saturdays?

8. Do American people eat sushi?

×Are you know ～?、×Are you have ～？（「知っている」knowは“一般動詞”なのでDoだね）

9. Does Amy know me?

10. Does she come from Canada?

「エイミー」や「彼女」は三人称単数の主語（Does ～？）

否定文・疑問文

017

否定文・疑問文を整理しよう

英語で否定文や疑問文を作るときは、「be動詞の文」と「一般動詞の文」とを区別することがまず大事だったね。それぞれの形を右で復習しよう。以下の問題では両パターンを混ぜて出題しているよ。それぞれの内容に合った文をパッと組み立てられるように繰り返しチャレンジしてね！

1. お腹空いた？（相手に）

2. サヤカは家にいません。

3. この歌手、知ってる？（相手に）

4. 私、納豆好きじゃないんだよね。
*納豆: *natto*

5. シオリって、大阪出身？（友人のシオリの話題で）

6. マサトってピアノを弾くの？（友人のマサトの話題で）

7. 私とヒロシは同じクラスではない。

8. そのピザ、おいしい？（感想を尋ねて）

9. スポーツはやるの？（相手の趣味を尋ねて）

10. ジュンは日曜日はテニスの練習はありません。
*ふだんの日曜日のことを言ってるよ

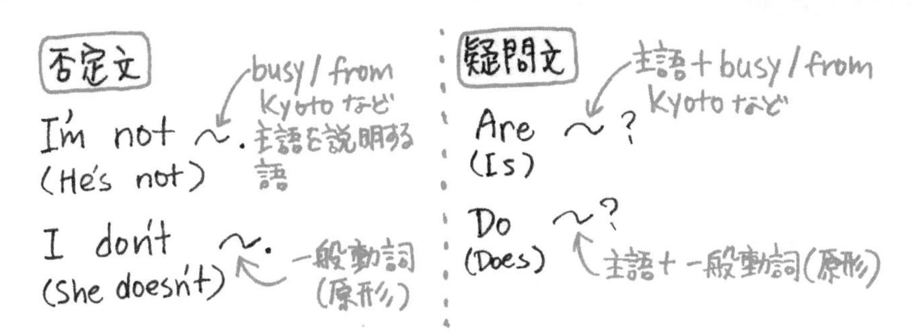

1. Are you hungry?

2. Sayaka isn't at home.

3. Do you know this singer?

4. I don't like *natto*.

5. Is Shiori from Osaka?

6. Does Masato play the piano?

7. Hiroshi and I aren't in the same class.

8. Is the pizza good?

9. Do you play sports?

10. Jun doesn't have tennis practice on Sundays.

COLUMN
コラム
No. 3

疑問文への答え方

be 動詞と一般動詞で疑問文を作る方法はわかったかな？　自分から質問できるようになったところで、今度は、疑問文への「答え方」について見てみよう。Yes（はい）と No（いいえ）の返事のしかたがポイントだよ。

1 be 動詞で聞かれた場合、**2** 一般動詞で聞かれた場合、**3** 疑問文の主語に人の名詞が使われた場合、の３つを確認しよう。

1 be動詞で聞かれた場合

〈例1〉 **Are you from Japan?**（あなたは日本出身ですか？）

「はい」　**Yes, I am.**

「いいえ」　**No, I'm not.**

〈例2〉 **Is she from Japan?**（彼女は日本出身ですか？）

「はい」　**Yes, she is.**

「いいえ」　**No, she's not.**（または **No, she isn't.**）

➜ be動詞で聞かれたら、be動詞で答えよう。上の例では、Are you ～？（あなたは～ですか？）や Is she ～？（彼女は～ですか？）と聞かれているので、Yes, I am. や No, she's not. と be 動詞で返答しているね。「いいえ」（否定）の場合は not を続けよう。

2 Do (Does) で聞かれた場合

〈例1〉 Do you play tennis? （あなたはテニスをしますか？）

「はい」 Yes, I do.

「いいえ」 No, I don't.

〈例2〉 Does she play tennis? （彼女はテニスをしますか？）

「はい」 Yes, she does.

「いいえ」 No, she doesn't.

→ Doで聞かれたらDoで返し、Doesで聞かれたらDoesで返そう。「いいえ」(否定) の場合はdon't (doesn't)。

3 疑問文の主語に固有名詞（人の名前）や物が使われた場合

〈例1〉 Is Kenta at home? （ケンタは家にいますか？）

「はい」 Yes, he is.

「いいえ」 No, he's not. （または No, he isn't.）

〈例2〉 Does Yuka play the piano? （ユカはピアノを弾きますか？）

「はい」 Yes, she does.

「いいえ」 No, she doesn't.

〈例3〉 Is that your bag? （あれはあなたのカバンですか？）

「はい」 Yes, it is.

「いいえ」 No, it isn't. （または No, it's not.）

→ 疑問文の主語にケンタやユカなどの固有名詞が使われる場合、返事ではhe/ she/ we/ it などに置きかえよう。〈例1〉は男性なのでhe、〈例2〉は女性なのでsheを使っているよ。また、〈例3〉のように、this/ that など物が主語の場合は、itで返そう。なお、例にはあげていないけど、主語が複数の場合は、they (彼ら・彼女ら・それら) を使って、Yes, they are./ No, they aren't.のように答えるよ。

INPUT

LESSON 11

What is this?「これは何？」

018

疑問詞で始まる疑問文 ① 【What】

今回は「これは何?」や「君は何がほしい?」のように、「何?」と知りたいときの質問方法を練習しよう。ポイントはズバリ、What（何）で質問を始めることだよ。What is this?（これ何?）や What do you want?（何がほしい?）のように、What で切り出したあとに is 〜 や do 〜と疑問文の形（Lesson 9）を続けるんだ。なお、what は What sports（何のスポーツ）や What subject（何の科目）のように、名詞と組み合わせて使うこともできるよ。

1. What is this?

2. What's your name?
   *What is → What's

3. What time is it?

4. What do you have in your bag?

5. What do you do on Sundays?

6. What does your father do?

7. What time do you get up?

8. What sports do you like?

9. What sports does she play?

10. What subject does Mr. Tanaka teach?

What(何)で始まる疑問文

What is this?
何 これは →(これは何?)
What do you want?
何 君は ほしい →(君は何がほしい?)

Whatのあとはis～やdo～の疑問文の形を続ける。

1. 何 これ?
(これは何ですか?)

What is ～?で「～は何?」
(短縮形は What's ～?)

2. 何 あなたの名前?
(あなたの名前は何ですか?)

3. 何時 時刻は?
(今、何時ですか?)

時刻を知りたいときの決まった言い方。「曜日」を聞くなら What day is it today?

4. 何を あなたは持っている バッグに?
(バッグに何が入っているのですか?)

5. 何を あなたはする ふだん日曜日に?
(ふだん日曜日は、何をしているのですか?)

have など一般動詞を使う文では、Whatのあとは do [does] ～?になるよ。

6. 何を お父さんはする?
(お父さんは何をしているのですか?) *「職業」を尋ねるときの言い方だよ

7. 何時に あなたは起きる?
(何時に起きていますか?)

8. 何のスポーツが あなたは好き?
(何のスポーツが好きですか?)

9. 何のスポーツを 彼女はする?
(彼女は何のスポーツをしますか?)

10. 何の科目を 田中先生は教える?
(田中先生は何の科目を教えているのですか?)

7. ～ 10. は、〈What+名詞〉をセットで使うパターンだよ。意味は「何の～?」。

OUTPUT

LESSON 11

「これは何？」 What is this?

019

疑問詞で始まる疑問文 ① 【What】

「何?」という情報を聞き出す練習をしよう。be動詞の文の場合はWhat is (What's) ～？で「～は何ですか?」、一般動詞の場合は What do you ～？で相手に「何を～しますか?」と聞けるよ。この2つの形（be動詞と一般動詞）をしっかり区別して疑問文を作れるようになろう。なお、「何時?」What time、「何のスポーツ?」What sportsのように、〈What+名詞〉をセットで使う練習もしよう。

1. あれ何？（少し離れた建物を指差して）

2. 電話番号、何？（相手に）
*電話番号：phone number

3. 今日は何曜日だっけ？

4. 朝ごはんは何を食べてるの？（相手に）
*for breakfast「朝食に」を使おう

5. 放課後はふだん、何をしてるの？（相手に）

6. ユミは何が好きなの？（友人のユミについて）
*「ユミは何が好きだっけ?」という感じの問いかけ（相談）

7. 何時に寝てる？（相手に）
*寝る：go to bed

8. 何の曲が好き？（相手に）
*曲：song

9. 練習は何曜日にあるの？（相手に）

10. お父さんは何のスポーツをしてるの？（相手に）

What + is / are ～ ?
What is that?
What + do / does ～ ?
What do you do?

〈What + 名詞〉
What sports ～ ?
(何のスポーツ)
What time ～ ?
(何時)

1. What's that?
(What is)

2. What's your phone number?
(What is)

LINEのアカウントを聞くなら
What's your LINE account?

3. What day is it today?

このまま丸ごと覚えよう。
このitは「時間を表すit」。
「それ」と訳さないように。

4. What do you have for breakfast?
(eat)

5. What do you usually do after school?

What「何を」
→do you usually do
「あなたはふだんする」
→after school「放課後に」
と組み立てよう。

6. What does Yumi like?

7. What time do you go to bed?

8. What song do you like?

9. What day do you have practice?

10. What sports does your father play?
(sport)

よくある間違い
×What do you like song?
×What does your father play sports?
→ 出だしで〈What+名詞〉をセットにしよう。

INPUT

LESSON 12

Where is Mom? 「お母さんはどこ?」

020

疑問詞で始まる疑問文 ② 【その他】

「何?」という情報を聞きたいときはWhatで疑問文を始めればいいんだったね。他に、「どこ?」ならWhere、「いつ?」ならWhen、「どう?」ならHowといった具合で、聞きたい情報に合わせて最初の言葉(=「疑問詞」)を使い分けるよ。右のものからしっかり覚えよう。なお、Howは色々な使い方ができて混乱しやすいので、特に注意して押さえよう(6.～10.の文)。

1. Where is Mom?

2. When is your birthday?

3. Who is that girl?

4. Where do you live?

5. When do you come home?

6. How are you?

7. How's the weather in Gifu?
*How is → How's

8. How do you come to school?

9. How tall are you?

10. How many games do you have?

be動詞パターン		一般動詞パターン	
Where is～?	～はどこ?	Where do ～?	どこで～するの?
When is～?	～はいつ?	When do ～?	いつ～するの?
Who is ～?	～は誰?	Who ～(動詞)?	誰が～するの?
How is ～?	～はどう?(様子・感想)	How do ～?	どうやって～するの?(手段)

1. どこ お母さん？
(お母さんはどこですか？)

2. いつ あなたの誕生日？
(あなたの誕生日はいつですか？)

3. 誰 あの女の子？
(あの女の子は誰ですか？)

4. どこに あなたは住んでる？
(どこに住んでいるのですか？)

5. いつ あなたは家に帰ってくる？
(いつ帰宅しますか？)

6. どう あなた？
(調子はどうですか？→元気ですか？)

7. どう 天気 岐阜では？
(岐阜の天気はどうですか？)

8. どうやって あなたは来る 学校に？
(どうやって通学しているのですか？)

9. どのくらい背が高い あなた？
(身長はいくつですか？)

10. いくつの試合 あなたはある？
(何試合あるのですか？)

出だしの疑問詞に注意。
何を知りたがっている？
なお、これら以外では、
which「どっち、どれ」も重要。

1.～3.はbe動詞
4.～5.は一般動詞
のパターンだね。

友人や知り合いに
会ったときの
決まったあいさつ。
How is Tom?なら
「トムは元気？」

How do ～？の場合、
「どうやって？」の意味に
なることが多いよ(手段)。

〈How＋形容詞・副詞〉のセットで「どのくらい～？」
How old「どのくらい年をとった」(→何歳？)
How much「どのくらいの量」(→金額はいくら？)
How many ＋名詞(複数形)
「どのくらいたくさんの～」(→数はいくつ？)

OUTPUT

LESSON 12

「お母さんはどこ？」 Where is Mom?

021

疑問詞で始まる疑問文 ② 【その他】

「どこ?」「いつ?」などの聞きたい内容に合わせて疑問詞を使い分けよう。疑問詞をまっさきに言ってから、be動詞か一般動詞の疑問文を続けるよ。また、「どう?」「どうやって?」「どのくらい～?」などと聞きたい場合は Howで表すけど、Howのあとの形にはいくつかのパターンがあるので、右の図でもう一度確認しておこう。

1. グリーン駅はどこですか？
*グリーン駅：Green Station

2. 英語のテスト、いつ？

3. あなたの傘(かさ)、どっち？（2本並んでる場面で）
*傘：umbrella

4. ふだん、どこで服を買ってるの？（相手に）
*服：clothes

5. 誰が数学を教えてるの？（教科の担当を尋ねて）

6. サトシは元気にしてる？（友人の話題で）

7. あなたのピザ、どう？（料理の感想を尋ねて）

8. この単語、どうやって読むの？

9. これはいくらですか？（店員に）

10. 何枚CD持ってる？（相手に）

How は注意
How is ～? → ～はどう?(様子・感想)
How do ～? → どうやって～するの?(手段・方法)
How + 形容詞・副詞 ～? → どのくらい～?(程度)
例) How tall ～? どのくらい背が高い?(身長)
How many + 名詞(複数形) ～? どのくらい多くの/いくつの～?(数)

1. **Where is Green Station?**

Where is ～?は道順を聞きたいときに便利。

2. **When is the English test?**

3. **Which is your umbrella?**

複数ある中で「どれ、どっち?」と聞くときは Which。

4. **Where do you usually buy clothes?**

5. **Who teaches math?**

「誰が～するの?」と動作主(主語)を聞きたいときは、Who のあとにいきなり動詞を続けよう。do はいらないよ。

6. **How's Satoshi?**
(How is)

7. **How's your pizza?**
(How is)

8. **How do you read this word?**

9. **How much is this?**

値段を知りたいときは How much is ～?「～はいくら?」。

10. **How many CDs do you have?**

CD の"数"を聞きたいので、How many のあとに CDs(複数形)。

OUTPUT
Mini Test
LESSON 13

疑問詞

022

疑問詞をまとめて練習しよう

ここでは、Lesson 11と12で取り上げた疑問詞をごちゃ混ぜにした問題で練習するよ。出だしの疑問詞はもちろんのこと、続くbe動詞・一般動詞の疑問文もパッと正しく使い分けられるようになろう。こうして疑問詞が使えると、相手から色々なことが聞き出せて、会話の幅(はば)がウンと広がるよ。

1. サヤカはどこ？

2. 元気？（相手へのあいさつで）

3. あなたの住所は何？
*住所: address

4. 学校はどうやって来るの？（相手に）

5. 大阪の天気はどう？

6. あなたの誕生日いつ？

7. 夜ご飯は何を食べてるの？（相手に）
*夜ご飯: dinner

8. あなたのお兄さんは何歳？

9. あなたの一番好きな選手は誰？
*一番好きな選手: favorite player

10. そのお店は何時に開店するの？
*店: store、開店する: open

疑問詞の区別

何 what
何の what＋名詞
どこ where
どのくらい How＋形容詞・副詞
いつ When
どれ/どっち Which
どう/どうやって How

be動詞と一般動詞の区別

Where is Tom?
（トムはどこですか？）

Where do you live?
（あなたはどこに住んでいますか？）

1. Where is Sayaka?

2. How are you?

3. What's your address?

4. How do you come to school?

5. How's the weather in Osaka?

6. When is your birthday?

7. What do you have for dinner?

8. How old is your brother?

9. Who's your favorite player?

10. What time does the store open?

COLUMN
コラム
No.4

こんな風に会話してみよう①

Where, When, Who, What, Which, How など、疑問詞で始まる疑問文の答え方にはある特徴があるよ。それは、Yes/ No では答られないこと。疑問詞は「どこ？」「いつ？」などと具体的に知りたいときに使う言葉だよね。だから、答える側としても、その内容を具体的に返事してあげないと会話が成り立たないんだ。

このコラムでは、疑問詞で始まる疑問文に対する答え方を説明するね。「質問×返事」をセットでしっかり使えるようにしておこう。

››› Where …… 場所を聞く

A: **Where does your sister live?** （あなたのお姉さんはどこに住んでいますか？）

B: **She lives in Toronto, Canada.** （彼女はカナダのトロントに住んでいます）

A: **Where is Dad?** （お父さんはどこ？）

B: **He is in the bathroom.** （トイレにいるわよ）

場所を聞くWhereが使われているので、具体的に「どこ」かを答えよう。

››› When …… 時間や日にちを聞く

A: **When do you usually eat breakfast?**
（あなたはふだん、何時に朝食を食べますか？）

B: **At 7:30.** （7時30分です）

A: **When is Sports Day at your school?**
（あなたの学校の運動会はいつですか？）

B: **It's October 13th.** （10月13日です）

Whenで聞かれているので、具体的に「いつ」かを答えよう。相手としては、その情報さえわかればOKなので、At 7:30. のように短く答えることもよくあるよ。

>>> Who …… 人物について聞く

A: Who is that boy? （あの少年は誰ですか？）

B: He is Kenta. （彼はケンタです）

>>> What …… 物や事について聞く

A: What's that? （あれは何ですか？）

B: It's a massage chair. （マッサージチェアです）

A: What time is it? （何時ですか？）

B: It's 10:45. （10時45分です）

A: What subject do you like? （何の教科が好きですか？）

B: I like science. （科学です）

The red one is. は The red one is her cup. を短くした形だよ。さらにisも省略して、The red one. のように答える場合も。

>>> Which ……「どれ、どっち」なのかを聞く

A: Which is her cup? （彼女のカップはどっちですか？）

B: The red one is. （赤いのです）

A: Which movie do you recommend? （どの映画がおすすめですか？）

B: I recommend *Night at the Museum*.
（『ナイトミュージアム』がおすすめです）

>>> How ……「どのくらい、どう」などを聞く

A: How old is your brother? （お兄さんは何歳ですか？） *年の程度

B: He is 20 years old. （20歳です）

A: How is the hamburger? （そのハンバーガー、どうですか？） *感想/様子

B: It's very good. （とてもおいしいです）

A: How do you come to school? （どうやって学校に来ているのですか？）*手段

B: By bus. （バスです）

INPUT
LESSON 14

Come here.「ここに来てください」

023

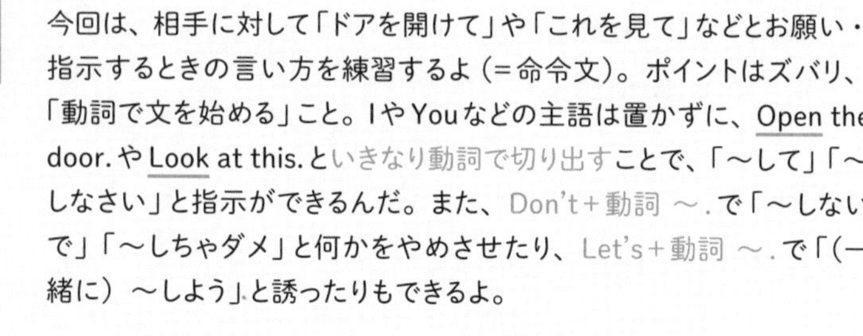

命令文

今回は、相手に対して「ドアを開けて」や「これを見て」などとお願い・指示するときの言い方を練習するよ（＝命令文）。ポイントはズバリ、「動詞で文を始める」こと。IやYouなどの主語は置かずに、Open the door.やLook at this.といきなり動詞で切り出すことで、「〜して」「〜しなさい」と指示ができるんだ。また、Don't＋動詞 〜.で「〜しないで」「〜しちゃダメ」と何かをやめさせたり、Let's＋動詞 〜.で「(一緒に）〜しよう」と誘ったりもできるよ。

1. Come here.

2. Look at this picture.

3. Use my umbrella.

4. Close the door.

5. Please wait here.

6. Be quiet.

7. Don't look at my phone!

8. Don't eat my cake!

9. Let's study together.

10. Let's play basketball after school.

Look at this.	Don't look at this.	Let's look at this.
見て　これ	見ないで　これ	一緒に見よう　これ

いきなり動詞 →「～して」

Don't ＋動詞 →「～しないで」

Let's ＋動詞 →「(一緒に)～しよう」

1. 来て ここに
(ここに来てください)

2. 見て この絵を
(この絵を見てください)

3. 使って 私の傘を
(私の傘を使ってください)

4. 閉じて ドアを
(ドアを閉じてください)

5. どうぞ待って ここで
(どうぞここで待っていてください)

6. いて 静かに
(静かでいて → 静かにして)

7. 見ないで 私の電話を
(私の電話を見ないでください)

8. 食べないで 私のケーキを
(私のケーキを食べないでください)

9. 勉強しよう 一緒に
(一緒に勉強しましょう)

10. しよう バスケットボールを 放課後に
(放課後にバスケットボールをしましょう)

出だしの動詞に注目。
何を指示・お願いしているのか、
場面を想像してみよう。

Come ～. → 相手を呼び寄せている
Use my ～. → 何かを貸している

「開けて」なら
Open ～。

pleaseをつけると、
よりていねいに。

数はそんなに多くないけど、
be動詞で始まる命令文もあるよ。
・Be careful.「気をつけて」
・Be kind to him.
「彼に親切にしなさい」

Don't ～→ 禁止
Let's ～→ お誘い

OUTPUT
LESSON 14

「ここに来てください」 Come here.

024

命令文

命令文の3つのパターンを意識しながら日本語の文を読もう。

①相手に何かをするように指示・お願いしている?
(→動詞で始める)

②それとも、「〜しないで」とやめさせようとしている?
(→ Don't +動詞で始める)

③あるいは、一緒に何かをやろうと誘っている?
(→ Let's +動詞で始める)

1. 10時に来てね。

2. この歌、聞いて。

3. 助けて!

4. 窓を開けて。
*窓:the window

5. どうぞここにお名前をお書きください。

6. 妹に親切にしなさい。

7. ここで走らないで。

8. 心配しないで。
*心配する:worry

9. 明日、お祭りに(一緒に)行こう。
*お祭り : the festival、明日:tomorrow

10. 日曜日に(一緒に)テニスを練習しよう。

「～して」
Eat this.
食べて
＊相手にしてほしい

「～しないで」
Don't eat this.
食べないで
＊相手にしてほしくない

「(一緒に)～しよう」
Let's eat this.
(一緒に)食べよう
＊一緒にしたい

1. Come at ten.

2. Listen to this song.

toを忘れないように。
「～を聞く」listen to ～

3. Help!

“1語だけ”の
命令文もアリだよ。
他に、Hurry!「急いで！」、
Look!「見て！」、
Wait!「待って！」など。

4. Open the window.

5. Please write your name here.

6. Be kind to your sister.

be動詞の命令文。
ちなみに、否定文なら
Don't be late.「遅刻しないでね」
のようになるよ。

7. Don't run here.

8. Don't worry.

Don't ～. はこうして
相手を励ますときにも使えるよ。
他に、Don't give up!
「あきらめないで！」

9. Let's go to the festival tomorrow.

10. Let's practice tennis on Sunday.

INPUT

LESSON 15

I'm studying now.

「私は今、勉強しています」

025

現在進行形の文

今回は、「今、自分がしていること」を言うときの形を練習するよ（現在進行形）。たとえば、みんなは今、英語の勉強をしているよね。これは英語では、I am studying English. と言うよ。青文字の am studying の部分がポイント。こうして be動詞のあとに「動詞の ing 形」を続けることで、「（今）～している」と言えるんだ。動詞の ing 形とは、動詞のおしりに ing をくっつけた形のことで、「～している」という意味を表すよ。

1. I'm studying English now.

2. My parents are cooking dinner.

3. My sister is taking a shower.

4. My dog is running in the yard.

5. I'm not using the computer now.

6. She isn't watching TV.

7. Are you doing your homework now?

8. What are you doing?

9. What is Dad doing?

10. Where are you going?

「たった今していること」はbe+～ingの形に

I am studying English.
私 ＝ 勉強している

今、勉強中…

Are you studying English?
あなた 勉強している？

動詞にingをつけよう。～ingは「～している」という意味。疑問文はbe動詞を文頭に。

1. 私は勉強している 英語を 今
(私は今、英語を勉強しています)

2. 私の両親は料理している 夕飯を
(私の両親は夕飯を作っています)

be+～ingの部分に注目。
今、何をしているところ？

3. 私の妹は浴びている シャワーを
(私の妹はシャワーを浴びています)

4. 私の犬は走っている 庭で
(私の犬が庭で走り回っています)

5. 私は(×) 使っている パソコンを 今
(私は今はパソコンを使っていません)

6. 彼女は(×) 見ている テレビを
(彼女はテレビを見ていません)

否定文は、be動詞のあとにnot
(notがうしろの内容を否定)。
日本語訳では、(×)が
notの否定を表してるよ。

7. (質問) あなたはやっている 宿題を 今？
(あなたは今、宿題をやっているのですか？)

8. 何を あなたはしている？
(あなたは何をしているのですか？)

be動詞で
文を始めると疑問文に。
続く質問内容
(主語+～ ing)に
注目しよう。

9. 何を お父さんはしている？
(お父さんは何をしているのですか？)

10. どこに あなたは行っている(向かっている)？
(あなたはどこに行くところなのですか？)

疑問詞で始まるパターン。
他に、「誰がピアノを
弾いてるの？」なら
Who is playing the piano?
となるよ。
(主語を尋ねる文)

OUTPUT
LESSON 15

「私は今、勉強しています」
I'm studying now.

026

現在進行形の文

普通の文、否定文、疑問文を自分でしっかり作れるか確認しよう。こうして混ざっていると少し難しく感じるけど、ポイントはこれまでのbe動詞の文と全く同じだよ。否定文ならbe動詞のあとにnotを置き、疑問文ならbe動詞を主語の前に出そう。なお、動詞によって、ing形の「つづり」に注意が必要なものがあるので、右で確認しよう。注意したいパターンが2つあるよ。

1. 今、テレビを見てるんだ。（電話で「何してるの？」と聞かれて）

2. ユカとミサトは寝てるよ。

3. 大阪は雨が降ってるよ。

4. 私たちはランチを食べてるところなんだ。

5. 私は今、勉強してないよ。

6. 今は、雪は降ってないよ。
＊雪が降る：snow

7. カレーを作ってるの？（料理中の母に）

8. 何をしてるの？（相手に）

9. 彼は何を作ってるの？

10. 誰がギターを弾いてるの？

ing形のつづりに注意する動詞

① 最後のeを取ってing
take → taking
make → making
have → having
use → using

② 最後の1文字を重ねてing
run → running
sit → sitting
swim → swimming

1. I'm watching TV now.

be動詞を忘れないようにね。
× I watching ～.
× Yuka and Misato sleeping ～.

2. Yuka and Misato are sleeping.

3. It's raining in Osaka.

天気を言うときは主語はIt。

4. We're having lunch.
(eating)

つづりに注意。
have → having

5. I'm not studying now.

× I'm not study ～.
必ず ing形を続けよう。

6. It's not snowing now.

7. Are you cooking curry?
(making)

返事は、普通のbe動詞の文と同じ。
→ Yes, I am. / No, I'm not.

8. What are you doing?

9. What is he making?

Whatのあとに、are/ is ～ の疑問文。
8.の文はこのままの形でよく使うので、丸ごと覚えよう。

10. Who is playing the guitar?

「誰が～している？」は
Who is ～ ing?
（主語Whoのあとは、普通の文と同じ動詞～の形）

OUTPUT
Mini Test
LESSON 16

命令文・現在進行形

027

命令文と現在進行形を整理しよう

Lesson 14〜15では、「命令文」(〜して)と「現在進行形」(今〜している)の2つの新しい形を練習したよ。今回は2つを混ぜたトレーニングをしよう。一口に命令文と言っても、Don't+動詞 〜. や Let's+動詞 〜. のパターンがあるし、現在進行形は「否定文」や「疑問文」があるね。作文するときに混同しないように、場面を頭の中でイメージしながら、しつこく何度も声に出して練習しよう。

1. 今、何をしてるの?(相手に)

2. 宿題をやっているよ。(1.の返答)

3. あの犬を見て!

4. 放課後、映画を見ようよ。(相手に)

5. 今、このパソコン使ってる?(相手に)
   *パソコン:computer

6. こっちに来ないで!

7. 今は雨は降ってないよ。

8. 明日は遅刻しないでね。

9. 何を作ってるの?(工作をしている相手に)

10. どうぞここに座ってください。(席をゆずって)
    *座る:sit

命令文

Eat this.「～して」

Don't eat this.「～しないで」

Let's eat this.「(一緒に)～しよう」

現在進行形

I am ~ing「(今)～している」

I am not ~ing「(今)～していない」

Are you ~ing?「(今)～していますか」

1. What are you doing (now)?

2. I'm doing my homework.

3. Look at that dog!

4. Let's watch a movie after school.

5. Are you using this computer now?

6. Don't come here!

7. It's not raining (now).

8. Don't be late tomorrow.

9. What are you making?

10. Please sit here.

COLUMN
コラム
No. 5

こんな風に会話してみよう②

“命令文”というネーミングを聞くと、「～しなさい！」と強要(きょうよう)するようなちょっと怖いイメージを持つ人もいるかもしれないね。だけど、実際は日常会話で気軽に使われる、とても便利な表現だよ。また、「たった今、していること」を表す現在進行形も、会話では欠かせない表現。

日常生活でよく使うわりには命令文と現在進行形をマスターできていない人が多いので、今回のコラムでは、会話例を通してその使い方をより詳しく見てみよう。１つの会話例の中で、命令文と現在進行形の両方をミックスしているよ。

››› ダイアログ 1　僕の傘を使って

A: **Oh no! It's raining outside.**
B: **Yeah. 〈Looking at a smartphone〉**
Well, on the weather app, we have a 70% chance of rain this afternoon.
A: **Really? I don't have an umbrella.**
B: **Here you go. Use my umbrella.**
I have an extra one.

Use my umbrella. は「僕の傘を使いなさい」というよりも、「よかったら、僕の傘をつかってね」というやさしい提案・申し出。

*app：アプリ / chance：確率 / Here you go.：はい、どうぞ（何かを手わたすときに）/ extra：余分の

A: げ～！　外は雨じゃん。
B: だね。〈スマホを見ながら〉えっと、
天気予報アプリでは、午後の降雨確率は70%だってよ。
A: ホント？　傘持ってないし。
B: ほら。僕のを使いなよ。もう１本あるからさ。

»» ダイアログ 2 勝手に食べないで…！

A: **Hey, what are you doing?**
Don't eat my cake! That's mine!
B: **Calm down, Joe. This is my cake.**
A: **No, it isn't! Mom, come here.**
Jim is eating my cake!
C: **Joe, Jim, what's going on? Stop that.**

*calm down：落ち着く / What's going on?：いったい何が起きているの？（どうしたの？）

A: おい、なにやってんだよ。俺のケーキ食べるなよ！ 俺のだぞ！
B: 落ちついてよ、ジョー。これは僕のだよ。
A: ちがうって！ 母さん、来てよ。ジムが俺のケーキ食べてるよ！
C: ジョー、ジム、どうしたのよ。やめなさい。

道案内のときは、
命令文で普通、
説明するよ。

»» ダイアログ 3 道順を教えて

A: **Excuse me, I'm lost. Do you know the way to Ueno Zoo?**
B: **Yes. Go straight and turn right at the second traffic light. Walk along the street for about 5 minutes. The Ueno Zoo is on your right.**
A: **OK. Thank you very much.**
B: **You're welcome. Have fun!**

*the way to ～：～への行き方 / go straight：まっすぐ進む / turn right at ～：～で右に曲がる / traffic light：信号 / walk along ～：～に沿って歩く / street：道 / be on your right：右手にある

A: すみません。道に迷っているのですが。上野動物園への行き方をご存知ですか？
B: はい。まっすぐ進んで、２つ目の信号で右に曲がります。道なりに５分ほど歩けば、右手に上野動物園が出てきますよ。
A: わかりました。ありがとうございます。
B: どういたしまして。楽しんで！

INPUT
LESSON 17

I played tennis yesterday.

「私は昨日、テニスをしました」

028

過去形

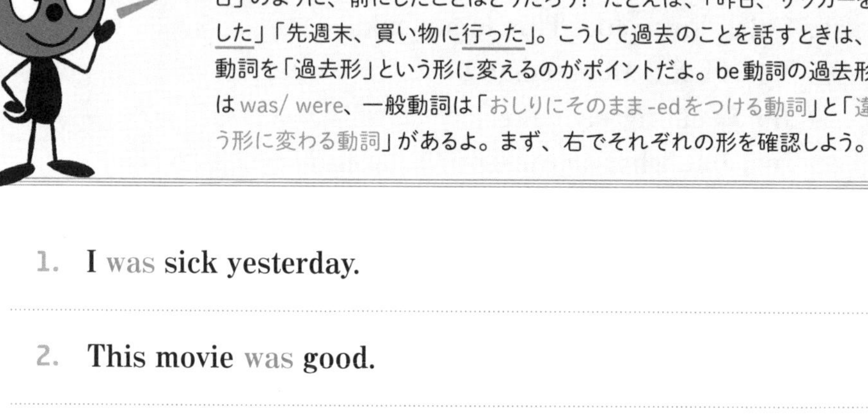

「今、していること」は現在進行形で表したね。では、「先週」や「昨日」のように、前にしたことはどうだろう？ たとえば、「昨日、サッカーをした」「先週末、買い物に行った」。こうして過去のことを話すときは、動詞を「過去形」という形に変えるのがポイントだよ。be動詞の過去形はwas/ were、一般動詞は「おしりにそのまま-edをつける動詞」と「違う形に変わる動詞」があるよ。まず、右でそれぞれの形を確認しよう。

1. I was sick yesterday.
2. This movie was good.
3. Greg and Judy were late this morning.
4. I was sleeping then.
5. It was raining an hour ago.
6. I played tennis with Hiro.
7. She lived in Kyoto two years ago.
8. We stopped at a convenience store.
9. We went to the beach last Sunday.
10. I had toast for breakfast this morning.

be動詞の過去形
① am と is → was
I was ～ / She was～
② are → were
You were ～ / We were～

一般動詞の過去形
① play → played
watch → watched
基本は-edの形
② go → went
have → had
など
一部だけ-edじゃない形

1. 私 = 病気だった 昨日
(私は昨日、病気でした)

2. この映画 = 良かった
(この映画は良かったです)

be動詞は「イコール」。
過去形was/ wereになってたら、
「前のこと」「終わったこと」と考えよう
(→「～だった」)。

3. グレッグとジュディー = 遅刻だった 今朝
(グレッグとジュディーは今朝、遅刻した)

4. 私 = 寝ていた そのとき
(私はそのとき、寝ていました)

5. (天気) = 雨が降っていた 1時間前
(1時間前は、雨が降っていました)

ing形は「～している」の
意味を表したね。
過去形wasと組み合わせると、
「寝ていた」。

6. 私はした テニスを ヒロと
(私はヒロとテニスをしました)

7. 彼女は住んでいた 京都に 2年前に
(彼女は2年前は、京都に住んでいました)

8. 私たちは止まった コンビニに
(私たちはコンビニに立ち寄りました)

一般動詞の過去形の文。
動詞のおしりに
-edがついた形だね。

9. 私たちは行った ビーチに 先週の日曜日に
(私たちは先週の日曜日にビーチに行きました)

10. 私は食べた トーストを 朝食に 今朝
(私は今朝、朝食にトーストを食べました)

9.と10.は過去形が
-ed じゃない動詞。
go「行く」→ went「行った」
have「食べる」→ had「食べた」
×goed、×haved

OUTPUT

LESSON 17

「私は昨日、テニスをしました」
I played tennis yesterday.

029

過去形

過去のことを振り返って話すときは、動詞を「過去形」にすることがわかったね。今回は、過去形を使って文を組み立てる練習をしよう。be動詞の過去形はwasとwereの2種類があり、また一般動詞は「-edをつける動詞」と「違う形にする動詞」があったね。それぞれをパッと正確に使い分けられるようになろう。なお、過去の「いつ」のことかを表すyesterday（昨日）、last ～（先週の～、昨～）、this ～（今日の～）などは文の最後につけたそう。

1. 私は昨日、忙しかった。

2. この本、おもしろかったよ。

3. 私たちは練習の後、疲れてた。

4. 私はそのとき、（ちょうど）シャワーを浴びてたんだ。
（「どうして電話に出なかったの？」と聞かれて）

5. 昨夜、雪が降ってたね。

6. 私はヒロコと映画を観ました。

7. 私たちは図書館で3時間勉強しました。

8. 携帯電話をトイレに落としちゃった。
*落とす：drop、携帯電話：my cellphone

9. 大勢の人がそのイベントに来ました。

10. 私は今朝、5時半に起きたんだ。
*起きる：get up

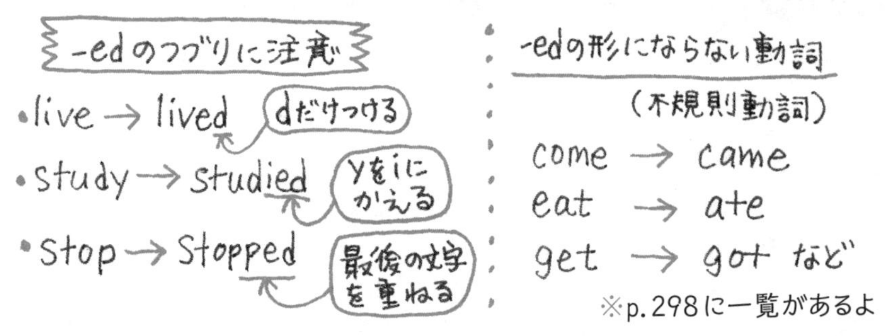

1. I was busy yesterday.

2. This book was interesting.

「過去のことを振り返って話してる」ということを意識しよう。前のことなので、動詞を過去形に。

3. We were tired after practice.

主語がyouか複数 → were

4. I was taking a shower then.

5. It was snowing last night.

過去のあるときに「(ちょうど)～していた」「(一時的に)～していた」というときは、was/ wereのあとにing形。

6. I watched a movie with Hiroko.
(saw)

7. We studied at the library for three hours.

8. I dropped my cellphone in the toilet.

-edのつづりに注意。

9. Many people came to the event.

10. I got up at five thirty this morning.

9.と10.は過去形が-edじゃない形になる動詞だよ。
come → came、get up → got up
(こうした動詞を「不規則動詞」と呼ぶよ)

INPUT

LESSON 18

I didn't play tennis.

「私はテニスをしませんでした」

030

過去形の否定文

今回は、過去形の否定文を練習しよう。作り方は簡単だよ。be動詞の文は、これまでと同じで、be動詞（was/ were）のあとにnotを置くだけでOK。wasn't/ weren't ～で「～ではなかった」。また、一般動詞の文は、don'tの代わりにdidn'tを使うのがポイントだよ（didはdoの過去形）。didn't ～で「～しなかった」。wasn'tやdidn'tが出たら、すぐに「過去のことを否定してる!」と考えて、続きの内容に注目しよう。

1. I wasn't busy yesterday.
   *was not → wasn't

2. This cake wasn't good.

3. Tom and Ellen weren't at the library.
   *were not → weren't

4. I wasn't listening.

5. It wasn't raining this morning.

6. We didn't play soccer yesterday.

7. I didn't like the movie.
   *did not → didn't

8. Taka didn't come to practice.

9. I didn't go to school today.

10. I didn't have breakfast this morning.

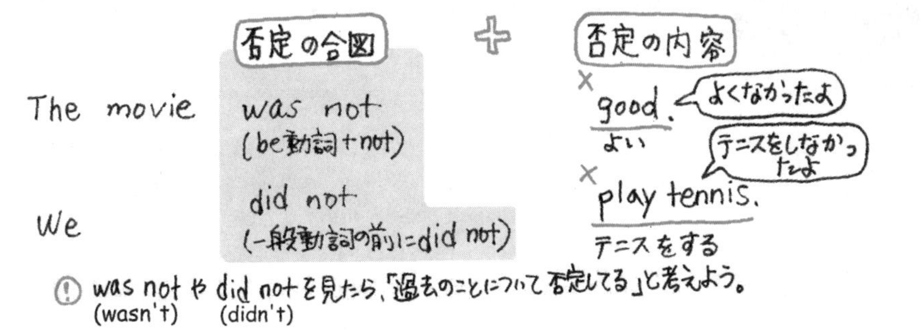

1. 私は（×）昨日忙しかった
（私は昨日、忙しくありませんでした）

2. このケーキは（×）おいしかった
（このケーキはおいしくなかったです）

wasn't/ weren'tのうしろに注目。どんな内容を否定している？
＊日本語訳では（×）が否定の働きを表してるよ。

3. トムとエレンは（×）図書館にいた
（トムとエレンは図書館にいませんでした）

4. 私は（×）聞いていた
（私は聞いていませんでした）

5. 天気は（×）今朝雨が降っていた
（今朝は雨が降っていませんでした）

6. 私たちは（×）昨日サッカーをした
（私たちは昨日、サッカーをしませんでした）

一般動詞の場合は、didn't（didはdoの過去形）。どんな内容を否定している？

7. 私は（×）その映画が好きだった
（私はその映画が好きではありませんでした）

8. タカは（×）練習に来た
（タカは練習に来ませんでした）

主語が三人称単数でもdidn'tでOK。（過去形では、don't/ doesn'tのような使い分けはないよ）

9. 私は（×）今日学校に行った
（私は今日、学校に行きませんでした）

10. 私は（×）今朝朝食を食べた
（私は今朝、朝食を食べませんでした）

OUTPUT
LESSON 18

「私はテニスをしませんでした」
I didn't play tennis.

過去形の否定文

過去のことを振り返って「～ではなかった」「～しなかった」と否定する練習をしよう。I wasn't や She didn't などと、まずは「過去の否定」であることを示したあとで、具体的に否定したい内容を続けるよ。なお、didn't のあとは、必ず一般動詞の原形（sのつかない形）にすることを忘れないようにね。×I didn't played とするのはまちがいだよ。

1. 私はそのとき、家にいなかったんだ。

2. この本はむずかしくなかったよ。

3. サヤカとミカは体育館にいなかったよ。

4. 寝てなかったよ。（電話で「寝てた？」と聞かれて）

5. １時間前、雪は降っていなかったよ。

6. やばい、宿題をやらなかった！（自分のこと）
*「やばい」はOh no, で表そう

7. 彼女は（私に）電話をしてくれなかった。

8. 私たちは今朝は練習がなかった。

9. 私は昨日、そのドラマを見なかった。

10. それを知らなかったよ。（自分のこと）

◎ was not や did not のあとに否定したい内容を続けよう!
(were)

・「お腹空いてなかった」→ I was not hungry. (wasn't)
hungryを否定!

・「彼女に電話しなかった」→ I did not call her. (didn't)
動詞は原形
call herを否定!

1. I wasn't at home then.

2. This book wasn't hard.

wasn't/ weren't (be動詞) のうしろは、
主語の性質や状態を
説明する語を続けよう。
(具体的には、名詞・形容詞・前置詞〜)

3. Sayaka and Mika weren't at the gym.

4. I wasn't sleeping.

5. It wasn't snowing an hour ago.

〜 ago
「(今から) 〜前」

6. Oh no, I didn't do my homework!

7. She didn't call (me).

didn'tのあとは、必ず
「一般動詞」(原形) が続くよ。
(動作を否定するときはdidn't)

8. We didn't have practice this morning.

9. I didn't watch the drama yesterday.
(see)

10. I didn't know that.

×didn't called
×didn't watched
didで過去を
表しているので、
動詞まで過去形に
しないようにね。

Did you play tennis?
「あなたはテニスをしましたか？」

032

過去形の疑問文

今回は、過去形の疑問文を見てみよう。ポイントは簡単で、be動詞は過去形was/ wereにして、Was it ～？やWere you ～？のように切り出そう（「～だった？」）。一般動詞の文では、do/ doesを過去形didにして、Did you ～？やDid she ～？のように言うよ（「～した？」）。出だしのWas/ Were/ Didを見たら（聞いたら）、「過去の疑問文だ！」と考えて、続きの質問内容をしっかりキャッチしよう。

1. Was the pizza good?
2. Was it hot in Hawaii?
3. Were you busy yesterday?
4. Were you studying at the library?
5. Did you see my bag?
6. Did you enjoy your summer vacation?
7. Where were you?
8. What did you do yesterday?
9. What time did you get up this morning?
10. Where did Mom go?

質問の合図 ＋ 質問内容

Was the movie good?
映画 よい
映画よかった？

Did you play tennis?
あなた テニスをする
(相手に)テニスしたの？

! 文頭のWasやDidを見たら、「過去のことについて聞いてる」と考えよう

1. (質問) そのピザはおいしかった？
(そのピザはおいしかったですか？)

2. (質問) 天気は暑かった ハワイで？
(ハワイは暑かったですか？)

Was/ Wereのあとに続く質問内容(主語+○○)に注目。何を知りたがっている？

3. (質問) あなたは忙しかった 昨日？
(あなたは昨日、忙しかったですか？)

4. (質問) あなたは勉強していた 図書館で？
(あなたは図書館で勉強していたのですか？)

返事はwas/ wereで返せばOK。
例) Yes, I was. / No, I wasn't.

5. (質問) あなたは見た 私のカバンを？
(あなたは私のカバンを見ましたか？)

6. (質問) あなたは楽しんだ 夏休みを？
(あなたは夏休みを楽しみましたか？)

Didを見たら、「一般動詞の質問が来る」と考えよう。
返事はdidで返せばOK。
例) Yes, I did. / No, I didn't.

7. どこに あなたはいた？
(どこにいたのですか？)

8. 何を あなたはした 昨日？
(あなたは昨日は何をしましたか？)

9. 何時に あなたは起きた 今朝？
(あなた今朝、何時に起きましたか？)

10. どこに お母さんは行った？
(お母さんはどこに行ったのですか？)

7.〜10.は疑問詞で始まる疑問文。
疑問詞のあとは、were 〜 や did 〜など過去の疑問文の形が続くよ。

OUTPUT LESSON 19

「あなたはテニスをしましたか？」
Did you play tennis?

033

過去形の疑問文

今度は、過去形の疑問文を自分で作る練習をしよう。「～だった?」「～した?」と過去のことを聞いているので、be動詞はwas/ were、do/ doesはdidにしようね。7.～10.では、疑問詞で始まる疑問文も取り上げているけど、ルールはこれまでと同じ。聞きたい内容に合った疑問詞を選び、そのあとにwas/ were/ did ～と疑問文を続けよう。なお、一般動詞の疑問文では、動詞は必ず原形にしようね。×Did you played ～？はまちがいだよ。

1. そのケーキ、おいしかった？

2. 北海道は寒かった？

3. 昨日は具合が悪かったの？（相手に）

4. サヤカは寝てた？

5. 窓は閉めた？（相手に）

6. 彼の新曲、聞いた？（相手に）

7. そのコンサートはいつだったの？

8. そのコート、どこで買ったの？（相手に）

9. 昨夜は何時に寝た？（相手に）

10. どうやってここまで来たの？（相手に）
*移動手段を尋ねている場面。動詞はget（～に着く）を使おう

◎ WasやDidのあとに質問内容(主語+〜)を続けよう!
(Were)

・「その本、よかった?」→ Was the book good?
主語 + 主語を説明する語

・「(相手に)宿題やった?」→ Did you do your homework?
主語 + 動詞(原形)

1. Was the cake good?

2. Was it cold in Hokkaido?

「おいしい」「寒い」など、性質・様子について聞きたいときは、be動詞の文。

3. Were you sick yesterday?

主語に合わせてWas/ Wereをパッと使い分けられるように。

4. Was Sayaka sleeping?

5. Did you close the window?

6. Did you listen to his new song?

「閉める」「聞く」など動作を尋ねたい場合は一般動詞を使うので、Didで始まるね。

7. When was the concert?

8. Where did you buy that coat?
(get)

9. What time did you go to bed last night?

10. How did you get here?

疑問詞の使い分けに注意。疑問詞をまず言ってから、was/ were/ did 〜の疑問文を続けよう。

過去の文

034

過去形をまとめて練習しよう

過去形の文はだいぶ慣れてきたかな？ 今回は、ここまで順番に見てきた「普通の文」「否定文」「疑問文」をミックスした問題に挑戦しよう。be動詞と一般動詞の文の区別に注意しながら、それぞれの文をパッと正確に言えるようになることが目標だよ。では、まず右の表で改めてポイントを確認しよう。

1. 昨日は寒かったね。

2. 今日は2時間英語を勉強した。（自分のこと）

3. テストはむずかしくなかったよ。
*むずかしい：hard

4. どこにいたの？（相手に）

5. 今朝は雨が降っていました。

6. 昨日は練習あった？（相手に）

7. 寝てたの？
*電話口で、寝ぼけた声で話す相手をイメージしてみて

8. 試合は何時に終わった？
*終わる：end

9. 私、昨日は学校に行かなかったんだ。

10. 私たちは夏に北海道に行きました。

	be動詞	一般動詞
過去形	am/is → was are → were	-edの形と-edじゃない形の区別に注意！
否定文	was/wereのあとにnot	一般動詞の前にdid not
疑問文	was/wereで始める	Didで始める
	※WhatやWhereを使う場合は文頭に置く	

1. It was cold yesterday.

2. I studied English for two hours today.

3. The test wasn't hard.

4. Where were you?

5. It was raining this morning.

6. Did you have practice yesterday?

7. Were you sleeping?

8. What time did the game end?

9. I didn't go to school yesterday.

10. We went to Hokkaido in the summer.

最近したことについて話してみよう！

過去形をひと通り使えるようになると、今のことだけではなく、昨日したことや先週起きたことまで幅広く話せるので、会話がとても楽しくなるよ。

ただし、うまく使いこなすためには、過去形が -ed の形になる動詞（規則動詞）と、-ed ではない別の形に変わる動詞（不規則動詞）をしっかり区別してマスターすることが大事。特に、日常会話で使う動詞の多くは不規則動詞なので、ひとつひとつていねいに覚えていく必要があるよ。

ちょっと大変だけど、ここをきちんと押さえることで、英語がうんと話しやすくなるよ。次に紹介する不規則動詞は必ずマスターしておこう！

››› 主な注意すべき不規則動詞

原形	意味	過去形
be	（be 動詞）	was, were
bring	持ってくる	brought
buy	買う	bought
come	来る	came
do	する	did
eat	食べる	ate
get	得る	got
give	あげる	gave
go	行く	went
have	持っている	had
make	作る	made
meet	会う	met
read	読む	read ＊発音だけ「リード」から「レッド」に変わる。
say	言う	said
see	見える	saw
stand	立つ	stood
speak	話す	spoke
tell	伝える、言う	told
take	取る	took
win	勝つ	won
write	書く	wrote

≫ こんな風に使ってみよう！

次に、「最近したこと」についてのサンプル英文を２つ紹介するね。サンプル**1**は友達同士の会話で、サンプル**2**は日記。特に過去形に注意しながら、それぞれがどんなことを話しているのかを読み取ってみよう。

〈サンプル **1**〉 **友達同士の会話**

Taku: **I got up late this morning. I didn't have breakfast.**
Kent: **Did you go to bed late last night?**
Taku: **Yeah. I was watching the FIFA World Cup on TV! Japan was playing.**
Kent: **Oh, that's right. What time was the game?**
Taku: **It started at 3:00 am.**
Kent: **3:00 am? Wow. You really like soccer.**
Taku: **Yeah. It was a great game.**

*Yeah：Yes. のくだけた言い方 / That's right.：（何かを思い出して）あ、そうだった。/ Wow.：（おどろいて）わぁ。/ really：とても（really like で「とても好き、大好き」）/ great：すばらしい、とても良い

タク：今朝は寝坊して、朝食を食べなかったんだ。
ケント：昨夜は寝るのが遅かったの？
タク：そう。FIFAワールドカップをテレビで見てたんだ！日本が試合をしてて。
ケント：あ、そうだったね。試合は何時だったの？
タク：午前３時に始まったよ。
ケント：午前３時？すごいね。サッカーがすごい好きなんだね。
タク：うん。すごくいい試合だったよ。

〈サンプル **2**〉 **日記**

It was my mother's birthday yesterday. I made *chirashi-zushi* for her for dinner. I also made strawberry shortcake for dessert! It took a long time. But it was fun. My mother was very happy. We had a good time. Happy Birthday, Mom!

*take a long time：長い時間がかかる / have a good time：楽しい時間を過ごす / Happy Birthday!：誕生日おめでとう！

昨日はお母さんの誕生日でした。お母さんのために、夕食にちらし寿司を作りました。デザートにストロベリーショートケーキも作りました！とても時間がかかりました。でも、楽しかったです。お母さんはとても喜んでいました。楽しい時間を過ごしました。お母さん、お誕生日おめでとう！

みんなもこうして過去形を使って、最近したことを英語で話し合ってみよう！

INPUT
Final Test
LESSON 21

PART 1のまとめ

035

「出だし」+「つけたし」の総整理

PART 1の仕上げとして、ここまで学習した表現を全部使ったトレーニングをしよう。英文を読んだり聞いたりするときは、「主語+動詞」という出だしの部分にしっかり集中することが大事だよ。be動詞と一般動詞、どちらが使われているか? また、否定文や疑問文になっていないか? まずはこれらをパッと押さえよう。そのあとで、「いつ?」「どこで?」「誰と?」などの細かいつけたし情報を拾っていくのがコツだよ(in、with、nowなど、前置詞・副詞を使ってつけたしたね)。

1. My father is a math teacher.
2. I live in Yokohama with my grandparents.
3. The store isn't open.
4. Ken doesn't have school on Sundays.
5. Is this your bag?
6. Do you do your homework before dinner?
7. What subject does Mr. Tamura teach?
8. My mother is cooking dinner in the kitchen.
9. It isn't snowing in Hokkaido now.
10. What are you doing?
11. Let's play tennis at the park with Yuta and Takeshi.
12. Come to Akita Station at 8:30 tomorrow morning.
13. Don't run in the library.
14. I went to the zoo with my family yesterday.
15. Was the movie good?

・be動詞？一般動詞？ I am happy. / I live in Tokyo.
・not / don't (doesn't) ＋ 否定したい内容 I don't like winter.
・Are (Is) / Do (Does) ＋ 質問内容 Is this your bag?
Do you play soccer?
・命令文は動詞で始める Come here. / Don't eat this.
・過去のことは過去形に → was (were) / lived / went / did など

1. 私の父 ＝ 数学の先生（私の父は数学の先生です）

2. 私は住んでいる 横浜に 祖父母と（私は祖父母と横浜に住んでいます）

3. そのお店は（×）開いている（そのお店は開いていません）

4. ケンは（×）学校がある 日曜日に（ケンは日曜日は学校がありません）

5. （質問）これはあなたのバッグ？（これはあなたのバッグですか？）

6. （質問）あなたは宿題をやる 夕飯の前に？（あなたは夕飯の前に宿題をやるのですか？）

7. 何の科目を　田村先生は教えている？（田村先生は何の科目を教えているのですか？）

8. 母が（今）夕飯を作っている 台所で（母が台所で夕飯を作っています）

9. （天気は）（×）雪が降っている 北海道で 今（今、北海道では雪は降っていません）

10. 何を あなたはしているの？（何をしているのですか？）

11. テニスをしよう 公園で ユウタとタケシと（公園でユウタとタケシとテニスをしましょう）

12. 来て 秋田駅に 8時半に 明日の朝（明日の朝、8時半に秋田駅に来てください）

13. 走らないで 図書館の中で（図書館の中で走らないでください）

14. 私は行った 動物園に 家族と 昨日（私は昨日、家族と動物園に行きました）

15. （質問）その映画は よかった？（その映画はよかったですか？）

OUTPUT
Final Test
LESSON 21

PART 1のまとめ

036

「出だし」+「つけたし」の総整理

最後に、これまでPART 1で習った表現を全部使って、自分でパッと文を作る練習をしよう。練習のコツは、日本語文を見てすぐに英語に直そうとするのではなく、まずは、日本語の内容を頭の中でイメージしてみること。会話の場面を自分で想像しよう。そうすれば、何の文法を使えばいいかもすごくわかりやすくなるよ。

1. ユカとヒロシは京都出身だよ。
2. 私は友達と図書館で勉強します。
3. 私は今、お腹が空いてないんだ。
4. 私の母は、日曜日は仕事に行きません。
5. あれ、東京駅？（少し離れた建物を指して）＊東京駅: Tokyo Station
6. あなたは学校の前にシャワーを浴びますか？
7. 何のスポーツをするの？（相手に）
8. ユミが（今）リビングルームでピアノを弾いています。
   ＊リビングルーム：living room
9. 大阪では今、雨は降ってる？（天気のニュースを見てる相手に）
10. 何を作ってるの？（料理中の相手に）
11. 土曜日に、私の家で映画を見ようよ。（相手を誘って）
12. どうぞここにお名前をお書きください。
13. ここで写真を撮らないでください。（美術館で）＊写真を撮る：take pictures
14. 今朝は朝食にトーストを食べました。（自分のこと）＊トースト：toast
15. 私はそのとき寝てたんだ。（「なんでさっき電話に出なかったの？」と聞かれて）

力がつくトレーニング法

Step 1. 日本語文を読む

Step 2. 内容を頭の中でイメージして会話の場面を想像する

Step 3. その内容・場面に合う文法を考えて作文する

1. Yuka and Hiroshi are from Kyoto.
2. I study at the library with my friends. *with ～ at … の順番でもOK
3. I'm not hungry now.
4. My mother doesn't go to work on Sundays.
5. Is that Tokyo Station?
6. Do you take a shower before school?
7. What sports do you play?
8. Yumi is playing the piano in the living room (now).
9. Is it raining in Osaka now?
10. What are you making?
11. Let's watch a movie at my house on Saturday.
12. Please write your name here.
13. Don't take pictures here.
14. I had toast for breakfast this morning.
15. I was sleeping then.

PART 2

LESSON 22 – LESSON 49

中2英語の文法

INPUT

LESSON 22

I'm going to ～. 「～する予定です」

037

未来を表す be going to ①

過去にあったこと（したこと）を話すときは、動詞を過去形にするんだったね（is→was、play→played）。では、明日や来週など、“これから”することはどうだろう？ 未来にすることを言うときは、I am going to play soccer tomorrow.（明日サッカーをする予定です）のように、動詞の前にbe going toを置くよ。I am going to ～で「～する計画だ」「～するつもりだ」と言えるんだ。is/ am going toを見たら（聞いたら）すぐに「未来のこと！」と考えよう。そのあとに予定・計画の中身が来るよ。

1. I'm going to play tennis tomorrow.

2. We are going to visit Italy next month.

3. Rick and Amy are going to come to Japan next week.

4. I'm going to study after dinner.

5. The movie is going to start at five.

6. It's going to rain tomorrow.

7. Yumi is going to be a little late.

8. I'm not going to watch TV tonight.

9. Judy isn't going to come to the party tomorrow.

10. We're not going to visit Osaka.

予定・計画を言うときは be going to

放課後はテニスするよ

I am going to play tennis after school.
(する計画だ)(何を?)テニスをする　放課後に
やろうと思っていることを言う

[否定文] I am not going to ～「～しない予定だ」

1. 私は(する計画だ)テニスをする 明日
(私は明日、テニスをする予定です)

be going to のあとの内容(動詞～)に注目しよう。何をやる予定?(いつ?)

2. 私たちは(する計画だ)イタリアを訪れる 来月
(私たちは来月、イタリアを訪れます)

3. リックとエイミーは(する計画だ)日本に来る 来週
(リックとエイミーは来週、日本に来ます)

4. 私は(する計画だ)勉強する 夕食の後に
(私は夕食のあとに勉強するつもりです)

5. 映画は(する計画だ)始まる 5時に
(映画は5時に始まります)

6. 天気は(しそうだ)雨が降る 明日
(明日は雨が降りそうです)

はっきりと計画していることの他、be going toで「起こりそうなこと」(予想)も表せるよ。「暑くなりそう」なら It's going to be hot.

7. ユミは(しそうだ)ちょっと遅刻する
(ユミはちょっと遅れそうです)

8. 私は(しない計画だ)テレビを見る 今夜
(私は今夜はテレビを見ないつもりです)

be not going to ～(否定文)で「しないと決めていること」が言えるよ。

9. ジュディーは(しない計画だ)パーティーに来る 明日
(ジュディーは明日のパーティーには来ません)

10. 私たちは(しない計画だ)大阪を訪れる
(私たちは大阪には訪れません)

OUTPUT
LESSON 22

「〜する予定です」 I'm going to 〜.

038

未来を表す be going to ①

be going toを使うことで、「やろうと思っていること」（計画・予定）や「起こりそうなこと」（予想）を言えることがわかったね。では、今回は自分で作文してみよう。I'm (We're) going to と切り出して「予定・計画」の話だと伝えたあとで、具体的な中身を言う。これがポイントだよ。未来の「いつ」かは文末につけたそう（tomorrow、this weekend など）。なお、「しないと決めていること」は I'm not going to 〜。

1. 明日、ジョンに会うんだ。（自分のこと）
*明日：tomorrow

2. 私たちは今週末、ディズニーランドに行くんだ。
*今週末：this weekend

3. 私の両親は、新しい車を買う予定です。

4. 今夜は早く寝ようっと。（ひとりごと）
*今夜：tonight

5. そのお祭りは8時に終わります。

6. 明日は寒くなりそうです。

7. 彼は将来、有名になりそうだ。
*将来：in the future

8. 今夜はゲームをしないぞ。（ひとりごと）

9. 本田は明日、その試合に出場しません。
*「〜に出場する」はplay in 〜 で表そう

10. 私はあきらめないぞ！
*「あきらめる」はgive up

「やろうと思っていること」や「起こりそうなこと」

- I am going to play soccer.
- It is going to be hot tomorrow.

「やらない予定」

- I am not going to visit Kyoto.

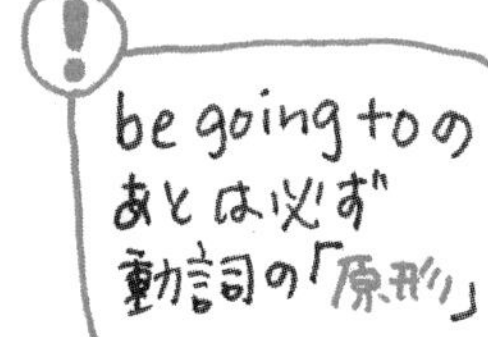
be going toの
あとは必ず
動詞の「原形」

1. I'm going to see John tomorrow.

2. We're going to go to Disneyland this weekend.

3. My parents are going to buy a new car.

この先、
何をやると
言っている？
be going toの
あとにその
内容を言おう。

4. I'm going to go to bed early tonight.

ふとやろうと思ったことも
I'm going to ～.で表せるよ。

5. The festival is going to end at eight.

お祭りについての予定・計画を
be going to ～で表現。

6. It's going to be cold tomorrow.

7. He's going to be famous in the future.

「起こりそうなこと」。
いずれもbeを
忘れないように。

8. I'm not going to play video games tonight.

否定文で
「しないぞ！」
と決意を
言っているよ。

9. Honda isn't going to play in the game tomorrow.

10. I'm not going to give up!

Are you going to ～?
「～する予定ですか？」

未来を表す be going to ② 【疑問文】

今回は、be going toを使って、「明日テニスやるの?」「どこに行く予定?」などと相手の計画・予定を尋ねる文を練習しよう。これまでのbe動詞を用いた文と同様に、「be動詞で文を始める」ことで疑問文が作れるよ。文頭のAre/ Isが疑問文の合図で、そのあとに質問内容（主語+going to～）が続くよ。going toのあとに注目して、どんな計画や予想について尋ねているのかをしっかりつかもう。6.～10.は、疑問詞で始まるパターンだよ。

1. Are you going to play soccer tomorrow?

2. Are you going to buy a new racket?

3. Are you and Ken going to visit Okinawa this summer?

4. Is your brother going to go to school in Tokyo?

5. Is it going to rain tonight?
   *天気予報を見ている相手に

6. What are you going to do this weekend?

7. Where are you going to go?

8. How are you going to get there?

9. How long are you going to stay?

10. What time is the festival going to start?

質問の合図 ＋ 質問内容（主語＋～）

Are you going to play tennis tomorrow? 明日テニスする？
あなた する計画 テニスする

Is Ken going to come? ケンは来る予定？
ケン する計画 来る

! WhatやWhere（疑問詞）がある場合は What are you going to ～?の順番に！

1. （質問）あなたは（する計画）サッカーをやる 明日？
（明日はサッカーをやる予定ですか？）

2. （質問）あなたは（する計画）新しいラケットを買う？
（新しいラケットを買うつもりですか？）

3. （質問）あなたとケンは（する計画）沖縄を訪れる この夏？
（この夏は、あなたとケンは沖縄を訪れるのですか？）

going toのあとの内容（動詞～）に注目。どんな予定・計画について尋ねている？

4. （質問）あなたのお兄さんは（する計画）学校に行く 東京の？
（あなたのお兄さんは東京の学校に行く予定ですか？）

5. （質問）天気は（しそう）雨が降る 今夜？
（今夜は雨が降りそうですか？）

天気の「予想」を尋ねているよ。

6. 何を あなたは（する計画）やる 今週末？
（今週末は何をする予定ですか？）

7. どこに あなたは（する計画）行く？
（どこに行く予定ですか？）

8. どうやって あなたは（する計画）そこまで行く？
（どうやってそこまで行く予定ですか？）

疑問詞で始まるパターン。出だしの疑問詞と、going to のあとの内容（動詞～）に注目。

9. どのくらい長く あなたは（する計画）滞在する？
（どのくらい長くそこに滞在する予定ですか？）

10. 何時に お祭りは（する計画）開始する？
（何時にお祭りは始まるのですか？）

「～する予定ですか？」
Are you going to ～？

040

未来を表す be going to ②【疑問文】

be going toを使って、計画・予定を尋ねよう。相手の計画・予定を尋ねるときは、出だしがAre you going to ～？という形になるよ。とてもよく使う形なので、このまま丸ごと覚えちゃおう。第三者について尋ねる場合は、Is Ken going to ～？などの形になるよ。また、「どこで?」「いつ?」などと具体的に聞きたい場合は、文頭に疑問詞を置いてから、are you going to ～などと疑問文の形を続けよう。

1. 今日は放課後にテニスをやるの？（相手に）

2. 明日は早起きするの？（相手に）

3. 夜ご飯はカレーを作るの？（料理の支度をするお母さんに）

4. スミス先生（Ms. Smith）はカナダに帰っちゃうの？
*「帰る」は go back を使おう

5. 明日は雪が降りそうですか？

6. 来週の日曜日は何をするの？（相手に）

7. どこに滞在する予定？（旅行に出かける相手に）

8. いつになったら部屋を片付けるの？（お母さんが子供に）
*片付ける：clean

9. 今夜はどのくらい長く勉強する予定なの？（相手に）

10. ヒロコとダイスケは何時に来るの？

be動詞で始まるパターン（〜する予定ですか？）

Are you going to 〜？／Is she going to 〜？

疑問詞を文頭に置くパターン（何を[どこで]〜する予定ですか？）

What are you going to 〜？／Where is he going to 〜？

1. Are **you** going to play **tennis after school today?**

2. Are **you** going to get up early **tomorrow?**

相手の予定を尋ねるときは、
Are you going to 〜？
ちなみに、返事の仕方は
これまでのbe動詞の文と同じ。
Yes, I am. / No, I'm not.

3. Are **you** going to cook **curry for dinner?**
(make)

4. Is **Ms. Smith** going to go back **to Canada?**

5. Is **it** going to snow **tomorrow?**

主語に注意。
天気を表すときはit。

6. What are **you** going to do **next Sunday?**

7. Where are **you** going to stay**?**

疑問詞を言ってから、
are you going to 〜
と続けよう。

8. When are **you** going to clean **your room?**

9. How long are **you** going to study **tonight?**

10. What time are **Hiroko and Daisuke** going to come**?**

INPUT

LESSON 24

I will ～.「～してあげるよ」「～するね」

041

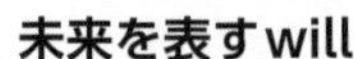

未来を表すwill

“これから” することは、be going to以外に、willを使って表すこともできるよ。be going toが主に計画・予定を表すのに対して、willは「意志」(気持ち)を表すのが特徴。主語をIにして、I will ～.と言えば、「～するね」と相手に対して約束したり、「～してあげるよ」と申し出たりすることができるんだ。また、他にも「未来に起こること」(あるいは起こると思うこと)を述べるときにもwillが使えるよ。

1. I will call you later.

2. I'll carry your bags.
   *I will → I'll

3. The game will start at three.

4. Mom will come home soon.

5. You will like this book.

6. It will be cloudy tomorrow.

7. We will not go to Kyoto this summer.

8. It won't rain tonight.
   *will not → won't

9. Will it rain tonight?

10. What time will the festival begin?

Willの2つの使い方

①相手に何かを約束する(申し出る)
I will be careful.
(約束) 気をつける
I will help you.
(申し出) あなたを手伝う

②将来起こることを述べる(予想する)
The game will start at five.
(将来) 5時に始まる
You will like this movie.
(予想) この映画を気に入る

1. 私は (約束) 電話する あとで
(後であなたに電話しますね)

2. 私は (申し出) 持つ あなたのカバンを
(あなたのカバンをお持ちしますよ)

I will (I'll) のあとの内容に注目。
何をすると約束・申し出ている?

3. 試合は (将来) 始まる 3時に
(試合は3時に始まります)

4. お母さんは (将来) 帰宅する もうすぐ
(お母さんはもうすぐ家に帰ってきます)

この先何が起こると
言っている?(いつ?)

5. あなたは (予想) この本を気に入る
(あなたはきっとこの本を気に入りますよ)

6. 天気は (予想) 曇りになる 明日
(明日は曇りになるでしょう)

相手の好みや天気のことは、
100%はわからないよね。あくまでも
予想。なので、日本語の訳も
「きっと〜だ」「〜でしょう」としてるよ。

7. 私たちは (将来×) 京都に行く 今年の夏
(この夏は、私たちは京都には行きません)

8. 天気は (予想×) 雨が降る 今夜
(今夜は雨は降らないでしょう)

will not (won't) 〜で
notのあとの内容を否定するよ。

9. (質問・予想) 天気は雨が降る 今夜?
(今夜は雨は降りますか?)

willで始めると
疑問文になるよ
(willのあとに質問内容)。

10. 何時に (将来) お祭りは始まる?
(何時にお祭りは始まりますか?)

OUTPUT
LESSON 24

「～してあげるよ」「～するね」 I will ～.

042

未来を表すwill

willを使って未来にすることを言おう。willは大きく2つの使い方があったね。相手に対して「～するね」「～してあげるね」と自分の“意志”（気持ち）を伝えるときは、I'll ～.。また、意志とは関係なく、「試合は5時に始まるよ」などと未来に起こることを述べたり、「きっと～だ」と予想したりするときにもwillが使えたね。「しない」ことはwon't～（否定文）、「しますか?」と尋ねるにはWillで文を始めよう（疑問文）。

1. 明日は10時に来るね。（相手に）

2. 写真撮ってあげるよ。（友人と観光地を訪れて）

3. そのコンサートは5時に終わるよ。

4. 私は来週、14歳になるんだ。

5. 彼女はきっと喜ぶよ。（友人へのプレゼントの話題で）

6. 風邪を引いちゃうよ。（うす着の相手を心配して）

7. 田中は明日、その試合でプレーしません。

8. 明日は雪は降らないよ。
*天気予報なら「雪は降らないでしょう」

9. 明日は雪が降るの？

10. その映画は何時に終わるの？

- 「〜するね、〜してあげる」（約束や申し出） ⇨ I will 〜.（I'll）
- 「〜します、きっと〜するでしょう」（未来の出来事や予想） ⇨ The game will 〜. / You will 〜.

動詞の原形を続ける！

❗ 否定文は I will not (won't) 〜.、疑問文は Will she 〜?

1. I'll come at ten tomorrow.

2. I'll take a picture.

目の前の相手に
約束する・申し出る気持ちで
I'llと切り出そう。
その後に具体的な中身。

3. The concert will end at five.

4. I'll be fourteen next week.

willのあとに、
この先起こる（と思う）こと。

5. She'll be happy.

beを忘れずに。
「（将来）〜になる」は
will be 〜。

6. You'll catch a cold.

7. Tanaka won't play in the game tomorrow.

8. It won't snow tomorrow.

この先「しない」ことは、
won't (will not) 〜。

9. Will it snow tomorrow?

10. What time will the movie end?

疑問文は、Will＋主語 〜？。
返事は、そのままwillを使って、
Yes, it will. / No, it won't.
のように答えるよ。
10. は疑問詞で始まるパターン。

OUTPUT
Mini Test
LESSON 25

現在・過去・未来

043

現在・過去・未来を整理しよう

Lesson 22〜24では、未来を表す方法として、be going toとwillの2つの表現を学んだね。これで、PART 1とあわせて「現在」「過去」「未来」と全ての時のことを言えるようになったよ。今回のレッスンでは、これらをごちゃ混ぜにした問題を用意したので、正しく使い分けられるか確認しよう。目指したいのは、パッと瞬発的に言えるようになること。余裕で作文できるようになるまで、繰り返し練習しよう。

1. 私は、今年の夏は大阪に行く予定なんだ。

2. 私は大阪がとても好きです。

3. 私たちは以前、大阪に住んでいました。
*以前: before

4. 大阪にはおいしい食べ物があります。

5. 昨日は何をしたの？（相手に）

6. リエコと買い物に行ったよ。（5.に答えて）
*買い物に行く: go shopping

7. このスカート、新しいんだ。

8. 昨日、それを買ったんだ。

9. 今、何してるの？（電話で相手に）

10. クッキーを作ってるところだよ。（9.に答えて）

現在形	I am～. / I play～.	今の状態や習慣
現在進行形	I am making～.	たった今していること
過去形	I was～. / I lived～.	過去のこと
未来表現	I am going to～. / It will～.	この先のこと

1. I'm going to go to Osaka this summer.

2. I like Osaka very much.

3. We lived in Osaka before.

4. Osaka has good food.

5. What did you do yesterday?

6. I went shopping with Rieko.

7. This skirt is new.

8. I bought it yesterday.

9. What are you doing (now)?

10. I'm making cookies.

COLUMN
コラム
No. 7

will と be going to の違い

未来にすること・起こることを言うときは、未来を表す表現を使う。未来を表す表現は be going to と will の２つがある。このことは、もうだいぶ慣れてきたね。

ただ、どんなときに be going to を使って、どんなときに will を使えばいいのだろう？ その使い分けに悩む人はまだ少なくないと思うので、今回、大事なポイントを３つまとめたよ。まずは、ここからしっかり整理して覚えておこう。

››› 相手に対する「約束」や「申し出」は I'll ～

「宿題を手伝ってあげるよ」

△ **I'm going to help you with your homework.**

○ **I'll help you with your homework.**

➜「～してあげる」と相手にとって良いことをするときは、I'll ～で文を切り出そう。will は自分の「意志」を表す言葉で、I'll ～．の形にすることで、「手伝ってあげるよ」と相手に自分の気持ちを伝えることができるんだ。一方で、be going to は気持ちというよりは、自分の行動を客観的に述べる表現。I'm going to help you with... と言った場合、「私はあなたの宿題を手伝うつもりです」と、自分の予定している行動を淡々(たんたん)と言っているだけで、「○○してあげるよ」「○○するね」と寄り添う感じがないんだ。

››› 「予定」は be going to ～

「明日はディズニーランドに行くんだ」

△ **I'll go to Disneyland tomorrow.**

○ **I'm going to go to Disneyland tomorrow.**

➜ be going to ～は自分の行動を客観的に述べる表現なので、自分の「予定」や「計画」を言うときにはぴったりだよ。I'm going は文字通りには「私は行っている（向かっている）ということだよね。なので、I'm going to go to Disneyland. とすると、「私は今、go to Disneyland という未来に向かっている」→「go to Disneyland する予定だ」と考えられるんだ。ここで I'll go to Disneyland tomorrow. とすると、相手に対して気持ち・意志をアピールする文になるので、「（あなたのために）明日ディズニーランドに行ってあげるよ」みたいな意味になってしまうよ。

⟫ 未来の「予想」はどちらもOK

将来起こると思うこと（予想）は、be going to と will のどちらでも表せるよ。ただ、それぞれ使う場面が少し異なるので、以下のポイントに注意して使い分けてみよう。

You will like this book. 「きっとこの本を気に入るよ」

➜ will は「きっと〜だ」という自分の気持ち・想像をもとにした予想だよ。たとえば、相手の本の好みを知っていて、「きっと好きだろう」と想像して予想するときは You will like 〜. を使うのがぴったりなんだ。

It's going to rain soon. 「もうすぐ雨が降りそうだ」

➜ 一方で、be going to は「現在の状況」（客観的な事実）をもとにした予想。例文は、空の雲行きが怪しい、という目の前の状況を見て It's going to rain soon.「rain soon という未来に向かっている」→「もうすぐ雨が降りそうだ」と言っているんだ。自分の気持ち・想像をもとにした予想なのか（will）、現在の客観的な状況をもとにした予想なのか（be going to）。ここがポイントだよ。

⟫ サンプルダイアローグで確認！

以下は will と be going to の両方を混ぜた会話文だよ。それぞれの表現のニュアンスの違いに注意して、文章を読み取ってみよう。

〈帰宅途中で〉

George: **Are you free after school? Let's play Nintendo DS together.**
Jeff: **OK, I'll come to your house at four then.** *相手への約束（気持ち）

〈帰宅して〉

Jeff: **Mom, I'm going to go to George's house to play video games.**
* 予定（客観的な行動）
Mom: **OK, have fun. Oh, but take an umbrella with you. It's going to rain later.** *ニュースなどの客観的な事実に基づいた予想
Jeff: **OK, thanks. I'll be back by six.** *相手への約束（気持ち）

〈帰宅途中で〉

George: 放課後は暇（ひま）？ ニンテンドーDSしようよ。
Jeff: いいよ。じゃあ、4時に君の家に行くね。

〈帰宅して〉

Jeff: お母さん、ジョージの家でゲームしてくる。
Mom: わかったわ、楽しんできてね。あ、でも傘を持って行きなさい。あとで雨が降るわよ。
Jeff: うん、ありがとう。6時には戻ってくるね。

INPUT

LESSON 26

I can ~.「私は~できます」

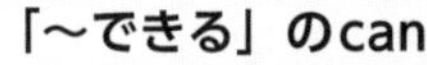

044

「~できる」のcan

今回は「ピアノが弾ける」「速く走れる」のように、あることが「できる」と言うときの表現を見ていこう。ポイントはズバリ、canを動詞の前に置くこと。play the pianoは「ピアノを弾く」、can play the pianoだと「ピアノを弾ける」になるんだ。canのあとに、何ができるのかが続くよ。また、反対に「できない」場合はcan't~（否定文）、「できますか?」と尋ねる場合はCanで文を始めるよ（疑問文）。

1. I can play the piano.

2. You can cook!

3. Yuko can swim fast.

4. You can sit here.

5. I can't hear you.

6. She can't come to the party.

7. You can't eat here.

8. Can you ski?

9. Can you read this word?

10. How fast can you run?

「できること」を言うときは can

I can play the guitar.

ギターをひく

canのあとに「できること」(動詞〜)を言おう!

否定文は I can't〜. 〜できない

疑問文は Can you〜? 〜できる?

1. 私は(できる)ピアノを弾く
(私はピアノを弾けます)

canのあとの内容(動詞〜)に注目。何ができると言っている?

2. あなたは(できる)料理する
(あなたは料理ができるんですね)

3. ユウコは(できる)速く泳ぐ
(ユウコは速く泳ぐことができます→泳ぐのが速いです)

You can 〜で「〜していいよ」と相手に許可する・申し出ることもできるよ。

4. あなたは(できる)ここに座る
(あなたはここに座れます→座ってもいいです)

5. 私は(できない)あなたのことが聞こえる
(私はあなたの言っていることが聞こえません)

否定文は can't (cannot) 〜 →「〜できない」

6. 彼女は(できない)そのパーティーに来る
(彼女はそのパーティーに来られません)

can't 〜で「〜しちゃダメ」(禁止)とも言えるよ。

7. あなたは(できない)ここで食べる
(あなたはここでは食べられません→食べてはいけません)

8. (できる?)あなたはスキーをする
(あなたはスキーできますか?)

Canで始めると疑問文に →「〜できる?」

9. (できる?)あなたは読む この単語を
(あなたはこの単語が読めますか?)

疑問詞で始まるパターン。

10. どのくらい速く(できる?)あなたは走る
(あなたはどのくらい速く走れますか?) *たとえば「100メートル○○秒」など

OUTPUT
LESSON 26

「私は〜できます」 I can 〜.

045

「〜できる」のcan

日本語文を読むときは、会話の場面を頭の中でイメージして作文しよう。「○○できるんだよ（すごいでしょ）」と自分の自慢話をしたり、反対に相手に「○○できるんだね！（すごいね）」とほめたり。さらには、「○○しちゃダメだよ」と注意したり… そうした"気持ち"をcanで伝えてみよう。なお、canのうしろに続ける動詞は必ず「原形」にすることに注意してね（これはwillも同じルール）。

1. 私、その歌を歌えるよ。（カラオケ店で）

2. ピアノを弾けるんだね！（相手に）

3. ブラック先生（Mr. Black）は上手に日本語を話せます。

4. 私の傘を使ってもいいよ。（傘を忘れた相手に）

5. 眠れない……。（ひとりごと）

6. 彼は牛乳が飲めない。

7. ここでは写真を撮れません。（美術館で相手を注意して）

8. 明日、練習に来れる？（相手に）

9. あの赤い鳥、見える？（相手に）

10. どのくらいの距離を泳げる？（相手に）
*far（遠くに）を使おう

- 「〜できる」 ⇨ He can〜.
- 「〜できない」 ⇨ He can't〜.
- 「〜できる？」 ⇨ Can he〜?

! 「〜」に入る動詞は必ず原形に！
× He can plays〜.

1. I can sing that song.

2. You can play the piano!

3. Mr. Black can speak Japanese well.

canのあとに、できることを言おう（動詞〜）。いずれも、自分や相手の能力をほめるような文だね。

4. You can use my umbrella.

相手に「〜してもいいよ」と申し出るパターン。→You can 〜

5. I can't sleep.

6. He can't drink milk.

7. You can't take pictures here.

「〜できない」→「〜しちゃダメ」と禁止してるよ。

8. Can you come to practice tomorrow?

9. Can you see that red bird?

10. How far can you swim?

Canのあとに質問内容（主語+動詞〜）。返事はcanを使って Yes, I can. / No, I can't.
10.は疑問詞で始まるパターンだね。

INPUT
LESSON 27

Can you ～？「～してくれますか？」

046

お願いごとのcan

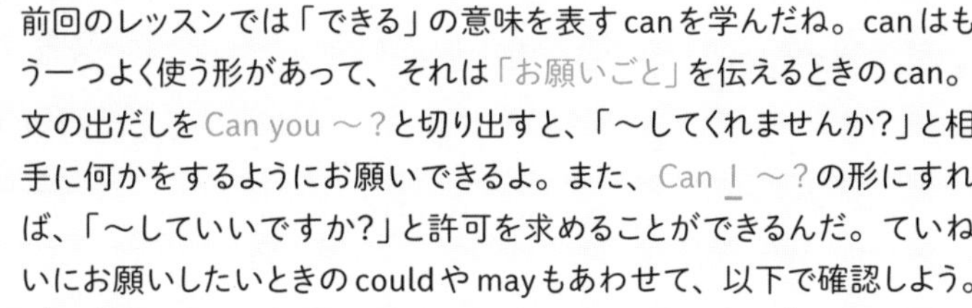

前回のレッスンでは「できる」の意味を表すcanを学んだね。canはもう一つよく使う形があって、それは「お願いごと」を伝えるときのcan。文の出だしをCan you ～？と切り出すと、「～してくれませんか?」と相手に何かをするようにお願いできるよ。また、Can I ～？の形にすれば、「～していいですか?」と許可を求めることができるんだ。ていねいにお願いしたいときのcouldやmayもあわせて、以下で確認しよう。

1. Can you **hold this?**

2. Can you **turn on the light?**

3. Can you **help me with my homework?**

4. Could you **close the window, please?**

5. Will you **come here?**

6. Would you **open the door, please?**

7. Can I **use your pen?**

8. Can I **have some water?**

9. Can I **sit here?**

10. May I **come in?**
*相手（目上の人）の部屋に入るときに

お願いごとを伝えるcan

- Can you open the window?
  (してくれる?) 窓を開ける
- Can I see your picture?
  (していい?) 写真を見る

Can youのあとに「してほしいこと」

Can Iのあとに「したいこと」

1. (してくれる?) これを持つ
(これを持ってくれませんか?)

Can youのあとの内容(動詞~)に注目。何をお願いしている?

2. (してくれる?) 電気をつける
(電気をつけてくれませんか?)

「消す」なら turn off

3. (してくれる?) 私を手伝う 宿題をやるのを
(私の宿題を手伝ってくれませんか?)

4. (〈よりていねいに〉してくれますか?) 窓を閉める
(窓を閉めていただけませんか?)

Canの代わりにCouldを使うと、よりていねいなお願いになるよ。

5. (してくれない?) ここに来る
(ここに来てくれますか?)

意志を表すwillを使って、Will (Would) you ~?とお願いすることもできるんだ。

6. (〈よりていねいに〉してくれませんか?) ドアを開ける
(ドアを開けていただけますか?)

7. (していい?) あなたのペンを使う
(あなたのペンを使ってもいいですか?)

Can Iのあとの内容(動詞~)に注目。何をしたがっている?

8. (していい?) 水をもらう
(お水をもらってもいいですか?→お水をくれませんか?)

9. (していい?) ここに座る
(ここに座ってもいいですか?)

10. (〈よりていねいに〉してもいいですか?) (部屋の)中に入る
((部屋の) 中に入ってもよろしいですか?)

勝手にドアを開けるのではなく、まずノックしてこう尋ねよう。

OUTPUT
LESSON 27

「～してくれますか？」 Can you ～？

047

お願いごとのcan

お願いごとのcanを使うときは、主語の使い分けに注意しよう。相手に何かをするようにお願いしたいときはCan you ～？（～してくれる?）。反対に、自分が何かをしたいときは Can I ～？（～してもいいい?）。会話では出だしでパッとこれらを使い分けられることが大事だよ。十分慣れるまで、声に出して練習しよう。なお、canを押さえたら、よりていねいにお願いしたい場合のcouldやmayもマスターしよう。

1. ここで待ってくれる？

2. テレビを消してくれる？

3. 私の宿題をチェックしてくれる？
*「チェックする」はcheck

4. 私たちの写真を撮っていただけませんか？（ていねいに）

5. あのバッグを取ってくれる？（willを使って）

6. （今言ったことを）もう一度言っていただけますか？（ていねいに）
*「もう一度」は文末にagainを置こう

7. あなたのスマホ、見てもいい？
*スマホ：smartphone

8. メニューをもらえますか？（飲食店で）

9. 電話をかけ直してもいい？（相手に）
*（相手に）かけ直す：call you back

10. 質問をしてもよろしいですか？（先生に向かってていねいに）
*質問をする：ask a question

youとIの使い分け

- 「相手」にしてほしい（〜してくれる？） ⇨ 普通の言い方：Can (Will) you〜？ ていねいな言い方：Could (Would) you〜？
- 「自分」がしたい（〜してもいい？） ⇨ 普通の言い方：Can I 〜？ ていねいな言い方：May I〜？

1. Can you **wait here?**

Can youのあとに「してほしいこと」を言おう（動詞の原形〜）。

2. Can you **turn off the TV?**

3. Can you **check my homework?**

「いいよ」の返事は、Sure. / Of course. / OK. など。

4. Could you **take our picture, please?**

Could you 〜, please? はとてもていねいで、感じの良いお願い表現。

5. Will you **get that bag?**

6. Would you **say that again, please?**

相手の言ったことが聞き取れなかったときのフレーズ。

7. Can I **see your smartphone?**

自分が何かをしたいときは、自分（I）を主語にして、Can I 〜？（May I 〜？）

8. Can I **have the menu?**

Can I have 〜？は飲食店でよく使うフレーズ。ピザを注文するならCan I have a pizza?

9. Can I **call you back?**

10. May I **ask a question?**

OUTPUT
Mini Test
LESSON 28

can

048

canの２つの使い方を整理しよう

Lesson 26では「～できる」のcan、Lesson 27では「お願いごと」のcanを学んだね。今回は、この2つを混ぜた問題を練習しよう。canは、ほめたり、自慢したり、注意したり、何かをお願いしたりと、色々な場面で自分の“気持ち”を伝えるのに便利な言葉だよ。日常会話で本当によく使うので、パッと正しく言えることを目指して、繰り返し声に出して作文しよう！

1. 明日はお祭りに行けないんだ。(残念がって)

2. この単語、読める？(相手に)

3. きみの傘を使ってもいい？
   *傘：umbrella

4. 私、この曲を弾けるよ。

5. 中に入ってもよろしいですか？(ドアでノックした後で)
   *中に入る：come in

6. 私の電話を使ってもいいよ。(相手に申し出て)

7. 私たちはここで写真を撮れますか？(博物館で係員に確認して)

8. 私のお父さん、中国語を話せるんだ。
   *中国語：Chinese

9. あのバッグを取ってくれる？(くだけたお願い)

10. どこで(私は)チケットを買えますか？(駅の係員に)

canの2つの使い方

①「〜できる」のcan
I can 〜.（〜できる）
I can't 〜.（〜できない）
Can you 〜?（〜できる?）

②お願いごとのcan
Can you 〜?（〜してくれる?）
(Could)
Can I 〜?（〜していい?）
(May)

1. I can't go to the festival tomorrow.

2. Can you read this word?

3. Can I use your umbrella?

4. I can play this song.

5. May I come in?

6. You can use my phone.

7. Can we take pictures here?

8. My father can speak Chinese.

9. Can you get that bag?
*Will you 〜？でもOK

10. Where can I buy tickets?
(get)

INPUT

LESSON 29

I have to ～.

「～しなければなりません」

049

「～しなければならない」のhave to

今回は、canと同じ仲間の言葉で、「～しなきゃならない」と言いたいときのhave toを学ぼう。「部屋を片付けなきゃ」「宿題をやらなきゃ」「もうすぐ帰らなきゃ」…やらなきゃいけないことって、毎日、色々とあるよね。出だしをI have to ～.と切り出すことで表現できるよ。I don't have to ～「～しなくていい」（否定文）、Do you have to ～?「～しなくてはならないの?」（疑問文）とあわせて確認しよう。

1. I have to clean my room.

2. I have to study for tomorrow's test.

3. We have to hurry.

4. She has to go home at five.

5. I don't have to do my homework this weekend.

6. My father doesn't have to work today.

7. You don't have to worry.

8. Do you have to practice every day?

9. Do I have to stay here?

10. Does Yuka have to leave now?

◎「しなきゃいけないこと」を言うときは have to

I have to do my homework. ＜宿題しなきゃ

（しなきゃいけない）

have to のあとに「しなきゃいけないこと」を動詞～で言う！

❗ 否定文は I don't have to ～.（～しなくてもいい）
疑問文は Do you have to ～?（～しなきゃならない？）

1. 私は（しなきゃならない）部屋を片付ける
（私は部屋を片付けなければなりません）

2. 私は（しなきゃならない）勉強する 明日のテストのために
（私は明日のテストに向けて勉強しなければなりません）

have to のあとの内容（動詞～）に注目。何をしなきゃいけない？

3. 私たちは（しなきゃならない）急ぐ
（私は急がなければなりません）

4. 彼女は（しなきゃならない）家に帰る 5時に
（彼女は5時に家に帰らなければなりません）

主語が三人称単数の場合は has to ～ になるよ。

5. 私は（しなくていい）宿題をやる 今週末
（今週末は、私は宿題をしなくて大丈夫です）

6. 私の父は（しなくていい）働く 今日
（今日は、私の父は働く必要がありません）

否定文は don't [doesn't] have to。うしろに「しなくていいこと」（必要じゃないこと）を続けるよ。

7. あなたは（しなくていい）心配する
（あなたは心配しなくていいですよ）

相手に寄り添う言葉。

8. （質問）あなたは（しなきゃならない）練習する 毎日？
（あなたは毎日練習しなければならないのですか？）

9. （質問）私は（しなきゃならない）ここにいる？
（私はここにいなければならないですか？）

10. （質問）ユカは（しなきゃならない）今、出発する？
（ユカは今、出発しなければならないですか？）

疑問文は Do [Does] で始めるよ。そのあとに質問内容（主語 +have to ～）。

OUTPUT

LESSON 29

「〜しなければなりません」 I have to 〜.

050

「〜しなければならない」のhave to

canのときと同様に、何かをしなきゃいけないときの“気持ち”を想像しながら作文しよう。「私、○○しなきゃ!」(やばい!)という焦りを表現したり、「君は○○しなきゃダメだよ」(気をつけてね)という忠告を表現したり。また、否定文don't have toは「必要ない」(大丈夫!)というような気持ちだよ。なお、主語が三人称単数の場合は、have→hasやdo→doesの形の変化にも注意しよう。

1. ヒロシに電話しなきゃ。(電話する約束を忘れて)

2. 明日は早起きしなきゃ。(部活の朝練があるため)

3. 気をつけなきゃ。(相手のミスを注意して)

4. 彼女は11時に出発しなければなりません。

5. 私たちは今日は学校に行かなくていいんだ。

6. 私の兄は制服を着なくていいんだ。
   *制服:a school uniform

7. 急がなくていいよ。(相手を気づかって)

8. 病院に行かなくちゃいけないの?(具合が悪い相手を心配して)
   *病院:the hospital

9. 私は何か持っていく必要はありますか?(持ち物の確認)
   *何か:anything

10. 全員がそのテストを受けなければならないの?
   *全員:everybody

◎主語が三人称単数のときはhasやdoesにしよう！

She has to ～.

He doesn't have to ～.

Does Yuki have to ～?

have→has
do→doesの使い分けは動詞のhaveと同じだね！

1. I have to call Hiroshi.

2. I have to get up early tomorrow.

have toのあとに
「しなきゃならないこと」を
言おう（動詞の原形～）。

3. You have to be careful.

相手に注意しているので、
主語はYou。be動詞も
忘れないように。

4. She has to leave at eleven.

5. We don't have to go to school today.

6. My brother doesn't have to wear a school uniform.

7. You don't have to hurry.

「しなくていい」
（必要ない）は
don't [doesn't] have to ～。

8. Do you have to go to the hospital?

9. Do I have to bring anything?

10. Does everybody have to take the test?

疑問文はDo [Does]の
あとに質問内容
（主語＋have to ～）。
返事は、そのまま do [does]
を使って、Yes, I do. や
No, she doesn't.。

INPUT

LESSON 30

I must ～.「～しなければなりません」

051

must と should

can と have to の次に取り上げたいのは、must と should。must は、have to にとてもよく似ているんだけど、もっと意味が強くて「(絶対に) ～しなきゃならない」と言いたいときに使うよ。否定文 mustn't ～にすると「(絶対に) ～しちゃダメ」と禁止を表す文に。一方で、should は「～した方がいい、～するといいよ」という意味で、何かを助言したりオススメしたりするときに使うよ。

1. I must finish my homework.

2. We must practice hard.

3. I must be home by six.

4. You must not eat this mushroom.

5. I mustn't give up.
*must not → mustn't

6. Must I stay here?

7. You should watch this movie.

8. You should see a doctor.

9. Should I take the bus there?

10. Where should I get off?

must と should の違い

見てもらわなきゃダメだよ

You must see a doctor.
（絶対にしなきゃならない）

見てもらった方がいいよ

You should see a doctor.
（した方がいい）

! must に比べて should はもっと軽い。何かを助言したりオススメしたりするときに使うよ！

1. 私は（絶対にしなきゃならない）宿題を終わらせる
（私は宿題を終わらせなければなりません）

2. 私たちは（絶対にしなきゃならない）一生懸命練習する
（私たちは一生懸命練習しなければなりません）

3. 私は（絶対にしなきゃならない）家にいる 6 時までには
（私は 6 時までには家に帰らなければなりません）

「絶対に、どうしても」という強い気持ち（プレッシャー）を感じ取ろう。

4. あなたは（絶対にしてはならない）このキノコを食べる
（あなたはこのキノコを食べてはいけません）

5. 私は（絶対にしてはならない）あきらめる
（私はあきらめてはいけない → あきらめないぞ！）

否定文は must not（mustn't）〜。「絶対に〜しちゃダメ」（禁止）。

6. （しなきゃならない？）私はいる ここに
（私はここにいなければなりませんか？）

Must で始めると疑問文に（Should も同様）。

7. あなたは（した方がいい）この映画を見る
（この映画は見た方がいいですよ）

8. あなたは（した方がいい）お医者さんにみてもらう
（お医者さんにみてもらった方がいいですよ）

should のあとの内容に注目（動詞の原形〜）。何をオススメ・助言している？

9. （した方がいい？）私はバスで行く そこまで
（私はそこまでバスで行くべきですか？）

10. どこで（した方がいい？）私は降りる
（どこで降りるといいですか？）

どうするのがいいか、相手に助言を求めてる場面だよ。

OUTPUT
LESSON 30

「～しなければなりません」 I must ～.

052

must と should

must「(絶対に) ～しなきゃならない」は、義務感や責任感といった強い気持ちを感じながら使うのがポイントだよ。否定文 must not (mustn't) ～は「絶対にダメ!」と強制的に止める感じ。一方で、should「～した方がいい」は、相手にとって役立つことを伝えるときに使うので、もっと気軽な気持ちで使えるよ。疑問文は、それぞれ Must/ Should で文を始めてから、質問内容（主語+動詞～）を続けよう。

*動詞は必ず原形

1. 私、もう行かなきゃ。（行かないとマズイことになる）

2. 私たちは一生懸命勉強しなければならない。（試験に合格するには）
*一生懸命：hard

3. 10時にはそこに着いていなきゃだめだよ。（遅刻しがちの相手に忠告して）
*そこに着いている：be there

4. この絵画は触ってはいけません。（美術館で相手に注意して）

5. 私たちは遅刻してはならない。

6. 私、それやらなきゃダメ？

7. この本、読んだ方がいいよ。（お気に入りを相手にすすめて）

8. お母さんに先に聞いた方がいいよ。（相手が怒られることを心配して）
*先に：first

9. あとでかけ直した方がいい？（相手の都合を気にかけて）
*あとで：later

10. 私、何時に来ればいいですか？（集合時間をたずねて）
*「私は何時に来た方がいい？」と相手に助言・指示を求めているところ

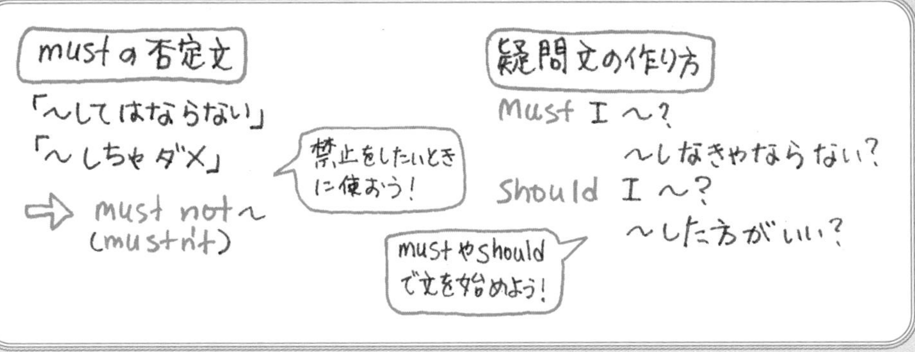

1. I must go now.

2. We must study hard.

> 1.～3.はいずれもhave toでも置き換えられるけど、mustの方がもっと強い気持ち（プレッシャー）を感じさせるよ。

3. You must be there by ten.

4. You must not touch this painting.
(mustn't)

5. We mustn't be late.

> beを忘れないように。be lateのセットで「遅れる」。

6. Must I do that?

> Mustの疑問文は、実際にはそんなに使われないよ。Do I have to ～？の方が一般的。

7. You should read this book.

8. You should ask Mom first.

> You should ～「～した方がいいよ、～するといいよ」は会話でよく使う便利な表現。

9. Should I call you back later?

10. What time should I come?

> 疑問文はShouldで始めよう。What timeやWhereなど疑問詞がある場合は、それを先に。

OUTPUT
Mini Test
LESSON 31

助動詞

053

助動詞をまとめて練習しよう

Lesson 29と30で学んだ have to、must、shouldをまとめて練習しよう。have toとmustは、普通の文のときは似た意味だけど、否定文の場合は全く異なるので注意が必要だよ（mustは「絶対に」という強い気持ちと考えよう→mustn't「絶対にダメ」）。また、それぞれの疑問文の作り方も確認しておこう。have toは、動詞のhave（持っている、食べる）と同じで、don't have（to）～やDo you have（to）～？の形にするよ。

1. 宿題をやらなきゃ。（自分のこと）

2. このアプリ、使うといいよ。（相手にすすめて）
*アプリ：app

3. 私たちは（絶対に）あきらめてはいけない。

4. 明日は練習に行かなくちゃいけないの？（相手に）

5. 私、自分の部屋をそうじしなきゃ。
*「さすがにもうヤバイ！」という状況。mustを使おう

6. 心配しなくていいよ。（相手をはげまして）

7. これはどこに置けばいいですか？（片づけの場面で、相手に指示を求めて）

8. そこまで電車で行くべきですか？（助言を求めて）
*電車で行く：take the train

9. 私はその試験を受ける必要がありますか？

10. あなたは明日、（絶対に）遅刻してはいけません。

・have to と must はともに「〜しなきゃならない」
・ただし、否定文には注意 → don't have to〜「〜しなくていい」（必要ない）
must not〜「〜してはならない」（絶対ダメ）
・should〜「〜した方がいい」（助言、オススメ）
・疑問文の作り方 Do you have to 〜?
Should I〜? / Must I〜?

1. I have to do my homework.
*I must do 〜 でも OK

2. You should use this app.

3. We must not give up.
(mustn't)

4. Do you have to go to practice tomorrow?

5. I must clean my room.

6. You don't have to worry.

7. Where should I put this?

8. Should I take the train there?
*Should I go there by train? でも OK

9. Do I have to take the test?
*Must I take the test? でも OK

10. You must not be late tomorrow.
(mustn't)

COLUMN
コラム
No.8

助動詞でキモチを伝えよう

Lesson 26〜30では、can、have to、shouldなど、動詞の前に置く表現をいろいろと習ったね。これらは全部、自分の気持ちを伝えてくれる言葉だよ。たとえば、I play the guitar.は「私はギターを弾く」という事実を述べている文だけど、I can play the guitar.は「ギター弾けるよ！」（すごいでしょ！）とちょっと自慢気だね。I have to study for the test.は「テスト勉強しなきゃ」（やばい、やらなきゃ！）という焦(あせ)りの気持ちが感じられるよ。

こうして動詞に気持ちをプラスして意味をおぎなってくれる言葉を「助動詞」と呼ぶよ*。英語では、助動詞でまず気持ちを言ってから（「できる！」「しなきゃ！」「した方がいいよ！」など）、そのあとに具体的な中身・行動（動詞）を言うんだ。〈助動詞→動詞〉の順番で言葉を並べるのが英語の大きな特徴だよ。

会話をするときは、相手に自分の考えや気持ちを伝えることがとても多いよね。うまく考えや気持ちを表現できるかは、いかに助動詞を使いこなせるかが大きなカギなんだ。助動詞が使えるようになると、これまでよりもぐっと会話力が上がるよ。たとえば、こんな感じで話してみよう！

〈サンプル1〉 宿題を手伝ってくれる？

Mari: Can you help me with my homework?
Rumi: Sure. What's the problem?
Mari: I can't solve this math problem.
Rumi: Oh, math… Well, I can help you with history, English and Japanese, but not math…
Mari: Oh, OK. Then can you check my English homework?
Rumi: Of course.

*What's the problem?：何が問題なの？（→どうしたの？）/ solve：（問題を）解く

*have toは正確には助動詞ではなく、助動詞と似た働きをする表現。

マリ：宿題を手伝ってくれる？

ルミ：いいよ。どうしたの？

マリ：この数学の問題が解けなくて。

ルミ：あ、数学ね… あのね、歴史や英語、国語なら手伝えるんだけど、数学はダメなの…

マリ：あ、そうなんだ。じゃあ、英語の宿題をチェックしてくれる？

ルミ：もちろん。

〈サンプル**2**〉 **そろそろ帰らなきゃ**

Akira: **What time is it?**

Shota: **It's 6:30.**

Akira: **Oh, already? We should go home soon.**

Shota: **Yeah, you're right. I have to study for tomorrow's test.**

Akira: **Can you play soccer with me again tomorrow?**

Shota: **Yeah. I'll call you after school.**

*already: もう、すでに

アキラ：　今、何時？

ショウタ：6時30分だよ。

アキラ：　え、もう？　そろそろ帰った方がいいね。

ショウタ：うん、そうだね。明日のテスト勉強をしなきゃ。

アキラ：　明日も僕と一緒にサッカーできる？

ショウタ：うん。放課後に電話するね。

ふだん僕たちが話す日常の会話では、助動詞は欠かせない存在だよ。まだまだ使い慣れていない人も多いと思うので、上の２つのサンプルを繰り返し声に出して読んで、また自分でも例文を作ってみて、助動詞で気持ちを伝える感覚をつかもう！

INPUT

LESSON 32

to ～「～するために」「～して」

054

"to不定詞"でつけたす ①【目的・原因の説明】

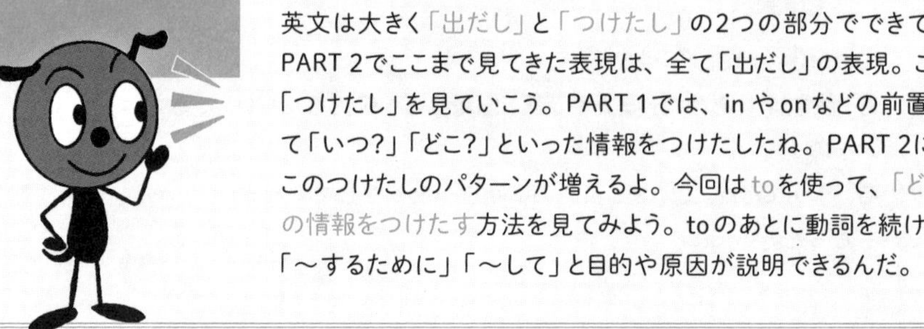

英文は大きく「出だし」と「つけたし」の2つの部分でできているよ。PART 2でここまで見てきた表現は、全て「出だし」の表現。ここからは「つけたし」を見ていこう。PART 1では、inやonなどの前置詞を使って「いつ?」「どこ?」といった情報をつけたしたね。PART 2になると、このつけたしのパターンが増えるよ。今回はtoを使って、「どうして?」の情報をつけたす方法を見てみよう。toのあとに動詞を続けることで、「～するために」「～して」と目的や原因が説明できるんだ。

1. **I visited Gifu** to see my grandparents.

2. **I got up early** to do my homework.

3. **Ms. Smith came to Japan** to learn about Japanese culture.

4. **Mom went to the supermarket** to buy food for dinner.

5. **You need eggs** to make these cookies.

6. **I'm happy** to hear the good news.

7. **I'm sad** to say goodbye.

8. **I'm sorry** to be late.

9. **I'm sorry** to hear that.

10. **I was surprised** to pass the test.

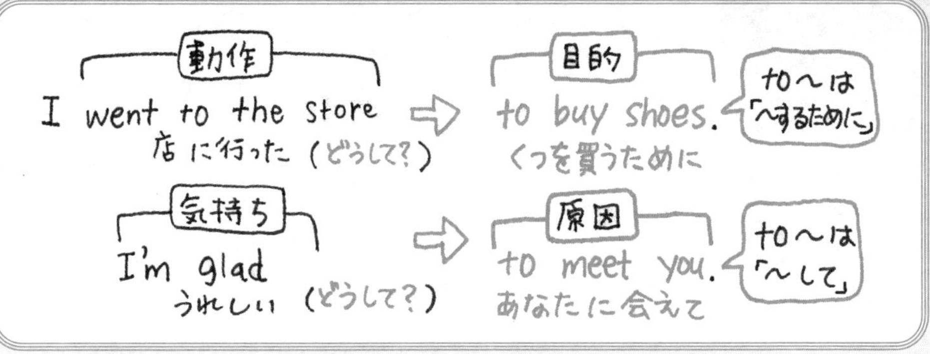

1. 私は岐阜を訪れた 祖父母に会うために
（私は祖父母に会いに岐阜を訪れました）

「出だし」（行動）→「つけたし」（目的）の流れを意識しよう。

2. 私は早く起きた 宿題をやるために
（私は宿題をやるために早起きしました）

3. スミスさんは日本に来た 学ぶために 日本文化について
（スミスさんは日本文化について学ぶために日本に来ました）

4. お母さんはスーパーに行った 食料を買うために 夕食の
（母は夕飯の食材を買いにスーパーに行きました）

5. あなたは卵が必要だ このクッキーを作るためには
（このクッキーを作るには卵が必要です）

6. 私はうれしい そのよい知らせを聞けて
（私はそのよい知らせを聞けてうれしいです）

今度は「気持ち」→「原因」

7. 私は悲しい 別れを言わなければならなくて
（私は別れを言わなければならなくて悲しいです）

8. 私は申し訳なく思っている 遅刻して
（遅刻してごめんなさい）

sorryは謝罪だけではなく、同情も表せるよ（「気の毒」）。これはお決まりの会話フレーズ。

9. 私は気の毒に思っている それを聞いて
（それを聞いて気の毒です）

10. 私はおどろいた その試験に合格して
（私は試験に合格しておどろきました）

surprised「おどろいた」

OUTPUT LESSON 32

「〜するために」「〜して 」 to 〜

055

“to不定詞”でつけたす ① 【目的・原因の説明】

toのあとに動詞を続けることで、行動の目的や、気持ちの原因が説明できることがわかったね。では、今度は自分でtoを使う練習をしよう。出だしの主語+動詞〜（行動または気持ち）を言ったあとに、「どうして?」に答えるようにして、to 〜で目的・原因をつけたそう（日本語の青字部分の内容）。toのあとに続ける動詞は必ず原形だよ。

1. 私は勉強しに図書館に行った。

2. ジョンは試合を見るために、夜更かしした。
*夜更かしする : stay up late

3. 昨日、ワカコが私に会いに来てくれたんだ。

4. 私は営業時間を尋ねるためにその店に電話した。
*営業時間：their business hours

5. パンケーキを作るには牛乳が必要だよ。

6. あなたにまた会えてうれしいです。（久しぶりに再会した相手に）

7. この学校を離れるのが悲しいです。（転校で）
*「離れる」はleaveで表そう

8. レッスンをキャンセルしてごめんなさい。（習い事の先生に）
*キャンセルする : cancel

9. それを聞いて気の毒です。

10. 昨日、大阪でユウジに会っておどろいたよ。

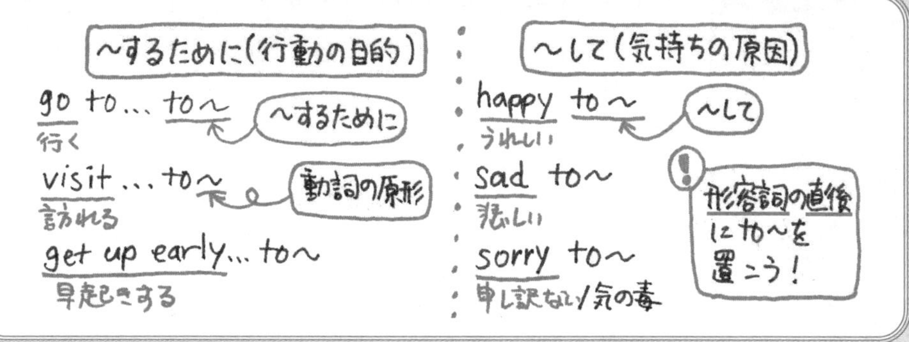

1. **I went to the library** to study.

目的(〜するために)をあとからつけたそう。

2. **John stayed up late** to watch the game.

3. **Wakako came** to see me **yesterday.**

come to 〜「〜しに来る」

4. **I called the store** to ask their business hours.

5. **You need milk** to make pancakes.

need A to B「Aが必要だ、Bするには」

6. **I'm glad** to see you again.
(happy)

気持ちを表す形容詞の直後にto〜(〜して)。toのあとの動詞は原形だよ。

7. **I'm sad** to leave this school.

8. **I'm sorry** to cancel the lesson.

9. **I'm sorry** to hear that.

昨日(過去)のことなので、was surprised。

10. **I was surprised** to meet Yuji in Osaka **yesterday.**
(see)

INPUT

LESSON 33

to ～「～するための」「～すべき」

056

"to不定詞"でつけたす ②【モノや人の説明】

to～は、あるモノや人（名詞）についてもっと具体的に説明したいときにも使えるよ。It's time. は「時間です」という意味だけど、この文だけだと、「何をする時間（time）なの?」と疑問が残るよね。そこで、timeの直後にtoを続けて、It's time to eat dinner. のように言えば、「夕食を食べる時間」だとわかるよ。この場合、to～は「～するための」「～すべき」という意味。「to～は直前の名詞を補足説明してる!」という意識で以下の英文を読もう（聞こう）。

1. I have a lot of homework to do today.

2. It's time to go to bed.

3. I don't have money to buy the book.

4. Kyoto is a great place to visit in autumn.

5. He was the first Japanese player to play in the major leagues.

6. I want something to eat.

7. Do you have anything to eat?

8. Let's get something warm to drink.

9. I have something important to tell you.

10. I have nothing to do today.

It's time. 時間だよ。
時間
何の時間？ ⇩ to～で補う

It's time to get up.
時間 起きるための
起きる(ための)時間だよ。

to～「～するための」「～すべき」

1. 私はたくさん宿題がある 今日やるべき
(私は今日やらなければならない宿題がたくさんあります)

2. 時間だ 寝るための
(もう寝る時間です)

「どんなhomework？」
「何をするためのtime？」
ばくぜんとした名詞に、to～で説明をつけたしているよ。

3. 私はお金がない その本を買うための
(私はその本を買うお金がありません)

4. 京都はすばらしい場所だ 秋に訪れるのに
(京都は秋に訪れるのにすばらしい場所です)

〈名詞+説明(to～)〉を
ひとつのカタマリと考えよう。
money to buy the book
「本を買う(ための)お金」

5. 彼は初めての日本人選手だった メジャーリーグでプレーする
(彼はメジャーリーグでプレーした最初の日本人選手でした)

6. 私は何かほしい 食べるための(もの)
(私は何か食べ物がほしいです)

7. 何かありますか 食べるための(もの)？
(何か食べ物はありますか？)

「飲み物」なら
something to drink。
anythingは疑問文で「何か」。

8. 温かい何かを買おう 飲むための(もの)
(何か温かい飲み物を買いましょう)

9. 私は大切な何かがある あなたに伝えるべき(こと)
(あなたに伝えなければならない大切なことがあります)

somethingのあとに
形容詞を置くパターンも。
something warm to drink
「何か温かいもの、飲むための」(→何か温かい飲み物)

10. 私は何もない 今日やるべき(こと)
(私は今日は何もやることがありません)

I don't have anything to do today.と否定文でも言えるよ。anythingは否定文で「何も」。

OUTPUT

LESSON 33

「～するための」「～すべき」 to ～

057

“to不定詞”でつけたす ② 【モノや人の説明】

名詞を言ったあとに、「どんな？ 何のための？」を補うようにして to～を続けよう。日本語では名詞の前に説明を置くのに対して（家に帰る時間）、英語では time to go homeと名詞の直後に説明を置くのが一番のポイントだよ。右に挙げた例は〈名詞+to～〉の定番パターン。time、thing、personなど、意味がばくぜんとした名詞にto～をつけたして、説明を補おう。なお、something+形容詞+to～の形も要注意。

1. 今日はやらなきゃいけないことがたくさんある。（自分のこと）

2. 出発する時間だよ！

3. 買い物に行く時間がなかった。（自分のこと）

4. この公園はピクニックをするのにぴったりの場所だね。
*ぴったりの場所：a great place

5. サヤカがキャプテンになるのに一番ふさわしい人だ。
*一番の人：the best person

6. 何か飲むものほしい？（相手に）
*「飲み物ほしい？」ということ

7. 今日は何もやることがない。
*anything（何も）を使おう

8. 何か暖かい服を持ってきてね。（相手に指示して）
*「暖かい服」は「何か暖かい着るもの」と表現しよう。「着る」はwear

9. 大事な用事があるんだ。（自分のこと）
*「用事」は something to do と表せるよ。では、「大事な用事」は？

10. 冷蔵庫に食べるものが何もないよ。
*主語はweにしよう。「冷蔵庫」はfridge（またはrefrigerator）

- time to〜：〜する(ための)時間
- thing to〜：〜する(べき)こと/モノ

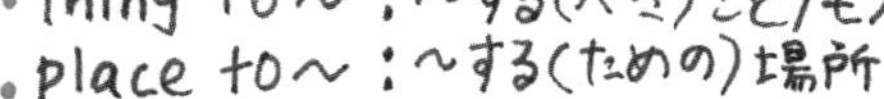
place to〜：〜する(ための)場所

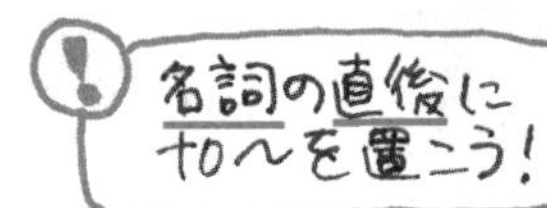
名詞の直後に
to〜を置こう!

- something to〜：何か〜する(ための)モノ(否定文ではanything)
- nothing to〜：何も〜するものがない
- something warm to drink：何か温かい飲み物
  (warm：形容詞)

1. I have a lot of things to do today.

2. It's time to leave!

「どんなこと(thing)?」
「何をする時間(time)?」
「何のための場所(place)?」
to〜で説明を加えよう。

3. I didn't have time to go shopping.

4. This park is a great place to have a picnic.

5. Sayaka is the best person to be the captain.

「〜になる」を
be〜で表そう。

6. Do you want something to drink?

7. I don't have anything to do today.

I have nothing to
do today. でもOK。

8. Bring something warm to wear.

somethingのあとに
形容詞をはさむパターン。
「冷たい飲み物」なら
something cold to drink。

9. I have something important to do.

「大事な用事」は
something important to do。
somethingのあとにimportant
(大事な)を置こう。

10. We have nothing to eat in the fridge.
*We don't have anything to eat 〜. でもOK

INPUT

LESSON 34

to ～「～すること」

058

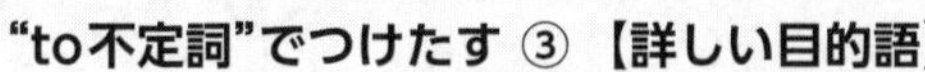

“to不定詞”でつけたす ③ 【詳しい目的語】

今回は、名詞ではなくて、「一般動詞」の直後に to～を置くパターンを紹介するよ。I like tennis. は「テニスが好き」だけど、これだと、テニスをプレーするのが好きなのか、見るのが好きなのかはハッキリとしないよね。そこで、I like to watch tennis. と動作まで言えば、「テニスを見るのが好き」だとわかるね。こうして動詞の対象（=目的語）をより具体的に言いたいときにもto～が使えるんだ。この場合、to～が名詞として働いて、「～すること」の意味を表すよ。

1. I like to play sports.

2. Tom likes to read Japanese manga.

3. I want to see this movie.

4. I want to be a designer.

5. It began to rain.

6. Greg hopes to visit Japan.

7. We need to leave by ten.

8. I decided to join the chorus club.

9. We must try to understand each other.

10. My dream is to be an actor.
*actor：俳優

I like food.
↓ 名詞(food)の代わりに…
I like to cook. 動詞の対象
好き(何が?) 料理をすることが

I want to eat curry. (→カレーが食べたい)
ほしい(何が?) カレーを食べることが

to〜で「〜すること(を)」と動詞の対象をよりくわしく説明できるよ

1. 私は好きだ スポーツをすることが
(私はスポーツをするのが好きです)

2. トムは好きだ 日本のマンガを読むことが
(トムは日本のマンガを読むのが好きです)

動詞の意味を取ったあと、「何を?」「何が?」とその対象に注目しよう。

3. 私は欲している この映画を見ることを
(私はこの映画が見たいです)

4. 私は欲している デザイナーになることを
(私はデザイナーになりたいです)

want to 〜で「〜することを欲する」→「〜したい」
want to be 〜にするとなりたい職業が言えるよ。

5. (天気は) 始まった 雨が降ることが
(雨が降り始めました)

6. グレッグは望んでいる 日本を訪れることを
(グレッグは日本を訪問できればと思っている)

7. 私たちは必要だ 10時までに出ることが
(私たちは10時には出発しなければなりません)

5.〜7.も定番の〈動詞+ to 〜〉のパターン。

8. 私は決めた コーラス部に入ることを
(私はコーラス部に入ることにしました)

decide to 〜「〜することにする」

9. 私たちは努めなければならない 互いを理解することを
(私たちは互いを理解しようと努めなければなりません)

10. 私の夢＝俳優になること
(私の夢は俳優になることです)

to 〜は名詞として働くので、be動詞のあとにも置けるよ。
(A is to B.「AはBすることだ」)

OUTPUT

LESSON 34

「〜すること」 to 〜

059

“to不定詞”でつけたす ③ 【詳しい目的語】

出だしの主語+動詞を言ったあと、「何を?」「何が?」に答えるようにして、to 〜で詳しい目的語を続けよう(日本語の青字部分の内容)。like music や like pictures と名詞一語で目的語を言うのに比べて、like to play music や like to draw pictures は動作まで含まれるので、ぐっと詳しい説明ができるね。なお、この〈一般動詞+ to 〜〉の形を取るのは、実は一部の動詞だけなんだ。右の定番パターンから言えるようになろう。

1. 私は音楽を聞くのが好き。

2. トモコは絵を描くのが好き。

3. お昼はパスタを食べたいなぁ。(自分の希望)

4. 私の姉は歌手になりたいと思っている。

5. 弟が泣き始めた。

6. 近いうちに会えるといいなぁ。(相手に)
*自分の望みを言ってるよ。「近いうちに」は soon

7. 新しいくつを買わなきゃ。(自分のこと)

8. ジョーンズ先生 (Mr. Jones) はカナダに帰ることにした。
*「帰ることを決めた」と考えて decide を使おう。「帰る」は go back

9. 明日は早起きしてみようっと。(自分の予定)

10. 私の計画は、フランスで料理を勉強することです。
*料理:cooking

~すること
- like to ~　~するのが好き
- want to ~　~したい（~することを欲している）
- hope to ~　~できたらよいと思う（~することを望んでいる）
- begin[start] to ~　~し始める
- try to ~　~しようとする、~しようと努める（頑張る）

1. **I like** to listen to music.

2. **Tomoko likes** to draw pictures.

主語が三人称単数なので、likes to ~。

3. **I want** to eat pasta for lunch.

4. **My sister wants** to be a singer.

「~になりたい」はwant to be ~。

5. **My brother began** to cry.
*started to cry でも OK

6. **I hope** to see you soon.

7. **I need** to buy new shoes.

「~しなきゃならない」はneed to ~。以前学習したhave to ~と大体同じ意味。だけど、need to の方がより強い必要性を感じさせるよ。

8. **Mr. Jones decided** to go back to Canada.

9. **I'm going to try** to get up early tomorrow.

予定を言っているので、be going to。

10. **My plan is** to study cooking in France.

「AはBすることだ」→ A is to B.

INPUT

LESSON 35

～ing「～すること」

060

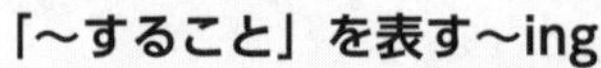

「～すること」を表す～ing

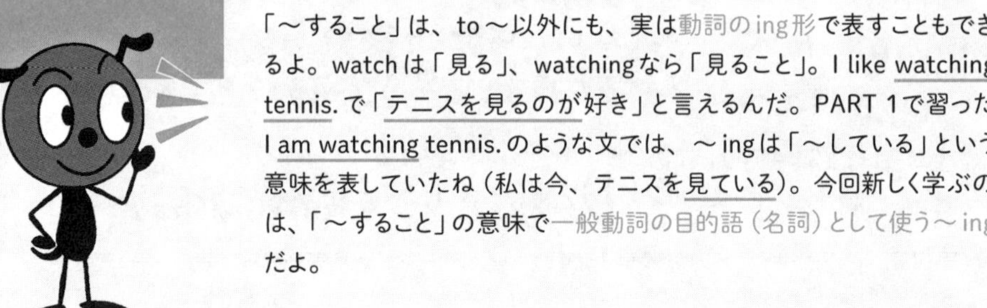

「～すること」は、to～以外にも、実は動詞のing形で表すこともできるよ。watchは「見る」、watchingなら「見ること」。I like watching tennis. で「テニスを見るのが好き」と言えるんだ。PART 1で習ったI am watching tennis. のような文では、～ingは「～している」という意味を表していたね（私は今、テニスを見ている）。今回新しく学ぶのは、「～すること」の意味で一般動詞の目的語（名詞）として使う～ingだよ。

1. I like playing sports.

2. Tom likes reading Japanese manga.

3. It began raining.

4. I enjoy listening to music.

5. Did you finish cleaning your room?

6. Stop talking.

7. Hiroshi is good at drawing.

8. I'm interested in learning about history.

9. My hobby is baking sweets.

10. Baking sweets is fun.

動詞の対象

I like cooking.
好き(何が?) 料理することが

I finished reading the book.
終えた(何を?) 本を読むことを

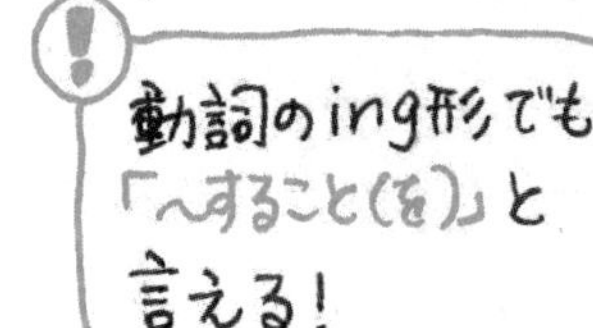

1. 私は好きだ スポーツをすることが
(私はスポーツをするのが好きです)

2. トムは好きだ 日本のマンガを読むことが
(トムは日本のマンガを読むのが好きです)

3. (天気は) 始まった 雨が降ることが
(雨が降り始めました)

1.〜3.は、前レッスンでto 〜を使って全く同じ例文を出してたよ。to 〜と〜 ing、どちらでも言えるんだ。

4. 私は楽しむ(好きだ) 音楽を聞くことが
(私は音楽を聞くのが好きです)

5. (質問) あなたは終えた 部屋を片付けることを?
(あなたは部屋の片付けを終えましたか?)

6. やめなさい おしゃべりすることを
(おしゃべりをやめなさい)

4.〜6.は、定番の〈一般動詞+〜 ing〉のパターン。

7. ヒロシは上手だ 絵を描くことが
(ヒロシは絵を描くのが上手です)

8. 私は興味がある 歴史を学ぶことに
(私は歴史を学ぶことに興味があります)

〜 ingは前置詞のあとに続けることもできるよ(7.と8.)。
他の例) I look forward to seeing you.
「あなたに会えることを楽しみにしてます」

9. 私の趣味＝スイーツを作ること
(私の趣味はスイーツ作りです)

10. スイーツを作ること＝おもしろい
(スイーツ作りはおもしろいです)

〜 ingは、「〜すること」の意味では名詞の働きをするので、be動詞のあとや、主語の位置に置くのもOK。

OUTPUT
LESSON 35

「〜すること」 〜ing

061

「〜すること」を表す〜ing

to 〜 と 〜ingは、どちらも「〜すること」の意味で一般動詞の目的語として使えることがわかったね。だけど、この2つはそっくり置き換えられるわけではないよ。使い分けのポイントは、どの動詞のあとで使うか。finish、enjoy、stopなどの目的語として使うときは、必ず 〜ing の方を使わなくちゃいけないんだ（一方で、likeやbeginのあとは、to 〜と〜ingどちらでもOK）。また、前置詞のあとも必ず〜ingを使おう（Thank you for helping me.）。

1. 私は音楽を聞くのが好き。

2. トモコは絵を描くのが好き。

3. 弟が泣き始めた。

4. 私は英語を話すのが楽しい。

5. その本、読み終えた？（相手に）

6. 私の携帯を見るのやめてよ！

7. 新作映画を見るのが楽しみ。（自分の気持ち）

8. 手伝ってくれてありがとう。

9. 私の趣味は洋服を作ることです。
*洋服：clothes

10. 洋服を作るのはおもしろいです。

～すること(ing形)

- like ～ing　～するのが好き
- begin[start]～ing　～し始める

to～もOK!
○like to～

- finish ～ing　～し終える
- enjoy ～ing　～するのを楽しむ
- stop ～ing　～するのをやめる

to～はダメ!
×finish to～

1. **I like** listening to music**.**

2. **Tomoko likes** drawing pictures**.**

3. **My brother began** crying**.**
(started)

like to listenや
began [started] to cry
でもOK。

4. **I enjoy** speaking English**.**

5. **Did you finish** reading the book**?**

6. **Stop** looking at my (cell)phone**!**

一方で、これらの動詞は
to ～はダメ。
×enjoy to speak
×finish to read
×stop to look

7. **I look forward to** seeing the new movie**.**

8. **Thank you for** helping me**.**

前置詞（toやfor）の
あとは～ ing。
どちらも会話でよく
使うフレーズだよ。

9. **My hobby is** making clothes**.**

My hobby is to make ～.
でもOK。

10. Making clothes **is interesting.**

一方で、主語にto ～を
置くことはあまりないんだ。
△To make clothes is ～.

OUTPUT
Mini Test
LESSON 36

to ～と～ing

062

to～と～ingを整理しよう

Lesson 32から35で取り上げたto～と～ingをまとめて練習しよう。to～は万能のつけたし表現で、これまで4つのパターンを練習してきたよ。右で改めて確認しよう。また、一般動詞の目的語として「～すること」の意味で使う場合は、～ingとの使い分けがポイントだったね。to～や～ingを使えるようになると、文に新しい“動作”（動詞）の内容がつけたされるため、表現の幅がぐっと広がるよ。会話でとても活躍するのでぜひマスターしよう。

1. それを聞けてうれしいよ。

2. 今朝は朝ごはんを食べる時間がなかった。

3. 私は試験の勉強をするために早起きした。

4. 何か食べ物はほしい？（相手に）

5. 遅れてごめんね。

6. 映画を見るのは好き？（相手に）

7. タクヤは医者になりたいと思っている。

8. 何か温かい飲み物を買おう。

9. 私は今日は何もやることがない。

10. 私の父は新しい車を買うことにした。

to～の4つの使い方
① ～するために（行動の目的）
② ～して（気持ちの原因）
③ ～するための（名詞の説明）
④ ～すること（動詞の対象）

stop/finish/enjoyや
前置詞のあとは～ing
・enjoy reading
・Thanks for helping me.

1. I'm happy to hear that.

2. I didn't have time to eat breakfast this morning.

3. I got up early to study for the test.

4. Do you want something to eat?
*anything to eat でも OK

5. I'm sorry to be late.

6. Do you like watching movies?
*like to watch でも OK

7. Takuya wants to be a doctor.

8. Let's get something warm to drink.
(buy)

9. I have nothing to do today.
*don't have anything to ～ でも OK

10. My father decided to buy a new car.

INPUT

LESSON 37

A and B「AそしてB」

063

“接続詞”でつけたす ①【and/ but/ or/ so】

文に情報をつけたす方法として、ここまでで前置詞（PART 1）とto～（PART 2）を見てきたね。今回もう一つ紹介したいのが「接続詞」という表現。その名の通り、単語や文同士を接続する（つなげる）働きをする言葉のことで、今回取り上げるのは、and、but、or、soの4つ。右の図でそれぞれの意味と働きを確認してから、例文を読んでみよう。青字部分でどんな内容がつけたされているかに注目してね。

1. I have two brothers and a sister.
2. We ate ramen, rice and gyoza.
3. I went to the convenience store and bought a drink.
4. Press this button, and the light will turn on.
5. We did our best, but we lost.
6. I went to the store, but it was closed.
7. Do you go to school by bus or by train?
8. Hurry, or you'll be late for class.
9. I was tired, so I went to bed early.
10. The soup is hot, so be careful.

A and B　AそしてB、AとB　★ and で 同じ要素を追加
〈同類の接続詞〉
A but B　AだけどB　★ but で 逆の内容を展開
A or B　AあるいはB、AかB　★ or で 別の選択肢を提示
A so B　AなのでB　★ so で 結果を説明

1. 私はいる 兄が2人 そして妹が1人
(私は兄が2人と妹が1人います)

2. 私たちは食べた ラーメン、ご飯、そして餃子を
(私たちはラーメンとご飯と餃子を食べました)

1.は A and B
2.は A, B and C
→3つ並べるときの形

3. 私はコンビニに行った そして飲み物を買った
(私はコンビニに行って飲み物を買いました)

動詞 went に対して and bought と動詞を追加。「～に行った、そして～を買った」

4. このボタンを押してください そうすれば電気がつきます
(このボタンを押すと電気がつきます)

命令文 and 文
→「Aしなさい、そうすればBだ」(AすればBだ)

5. 私たちはベストを尽くした だけど私たちは負けた
(私たちはベストを尽くしましたが、負けました)

6. 私はその店に行った だけど店は閉まっていた
(私はその店に行きましたが、閉まっていました)

7. あなたはバスで学校に行きますか それとも電車で？
(あなたは学校までバスで行きますか、それとも電車ですか？)

"by bus" or "by train"
(AとBにそれぞれ by ～の形)

8. 急ぎなさい さもないと授業に遅れるよ
(急がないと授業に遅れますよ)

命令文 or 文
→「Aしなさい、さもないとBだ」
(AしないとBだ)
忠告するときの言い方だよ。

9. 私は疲れていた なので早くに寝た
(私は疲れていたので早く寝ました)

10. そのスープは熱い なので気をつけてください
(そのスープは暑いので気をつけてください)

9.と10.は、「原因」→「結果」の流れに注目しよう。

「AそしてB」 A and B

064

“接続詞”でつけたす ① 【and/ but/ or/ so】

日本語の文を読むときは、「話の流れ」に注意しよう。青字部分は、内容の追加? それとも、逆の展開? あるいは、別の選択肢や結果? この流れに合わせて、正しい接続詞を選ぶのがポイントだよ。なお、AとBは、それぞれ同じ要素（名詞・動詞・文など）でそろえる点にも注意して作文しよう。

例） 1. は名詞 and 名詞、3. は動詞 and 動詞、5. は文 but 文

1. 私はペンとノートを買いました。
*それぞれ一つずつ、と考えよう

2. 午後は数学、体育、そして英語がある。（時間割の話題で）
*In the afternoon,（午後は）で始めよう。「体育」はP.E.

3. 私は歯を磨いて寝ました。
*磨く：brush

4. あの信号で右に曲がると、駅が見えますよ。

5. 外に出かけたかったけど、雨が降ってた。
*外に出かける：go out

6. 彼に電話したけど、出なかった。
*電話に出る：pick up

7. チョコレートがほしい？ それともバニラ？

8. 気をつけなさい、そうしないとケガするよ。
*ケガをする：get hurt

9. お腹が空いてたので、おにぎりを４つ食べた。
*おにぎり：rice ball

10. 私は大丈夫なので、心配しないで。

Aに追加 → A and B （AそしてB）
Aと逆の内容 → A but B （AだけどB）
Aとは別の選択肢 → A or B （AあるいはB）
Aの結果 → A so B （AなのでB）

1. I bought a pen and a notebook.

2. In the afternoon, I have math, P.E. and English.

A, B and C

3. I brushed my teeth and went to bed.

「私は歯を磨いた、そして寝た」
Iが２つの動作をしているので、
brushed... and went...と
動詞を追加しよう。

4. Turn right at that light, and you will see the station.

「AすればBだ」
→命令文 and 文

5. I wanted to go out, but it was raining.

文 but 文

6. I called him, but he didn't pick up.

7. Do you want chocolate or vanilla?

8. Be careful, or you'll get hurt.

「AしないとBだ」（忠告）
→命令文 or 文

9. I was hungry, so I ate four rice balls.

文 so 文
（原因 so 結果）

10. I'm OK, so don't worry.

INPUT LESSON 38

that ～「～だと」「～だということ」

065

“接続詞”でつけたす ② 【that】

thatは「私は○○だと思う」とか「彼は○○だと言った」のように、考えや発言の中身を伝えるときに使う接続詞だよ。「この本は面白いと思う」はI think that this book is interesting.。I think（私は思う）とまず切り出し、that（何をかと言うと…）とつないでから、this book is interesting（この本は面白い）と中身を言うんだ。that自体には特に意味はなく、こうして“中身へとつなぐ”のがこの接続詞のメインの役割だよ。

1. **I think** that the movie starts at 5:30.
2. **I think** that Kimura is a good actor.
3. **I thought** that you were sick.
4. **I hope** that it doesn't rain tomorrow.
5. **Mom knows** that I will come home late tonight.
6. **Dad said** that I could buy a new bike.
7. **I'm sorry** that I'm late.
8. **I'm sorry** that your dog died.
9. **I'm happy** that you like the present.
10. **She is sad** that the TV drama is over.

↓ thatでつないでから… this movie〜と中身を言う。

I think that this movie is good.

私は思う（何をかと言うと）この映画はいいと

[think (thought)、say (said)
know (knew)、hope など] + that〜
← 中身

1. 私は思う（何をかというと）映画は始まる 5時半に
（その映画は5時半に始まると思います）

thatのあとの文に注目。
考えの中身・内容は？

2. 私は思う（何をかというと）木村は良い俳優だ
（木村は良い俳優だと思います）

3. 私は思った（何をかというと）あなたは体調が悪かった
（あなたは具合が悪いのだと思っていました）

thoughtは
think（思う）の
過去形。

4. 私は望んでいる（何をかというと）雨が降らない 明日
（明日は雨が降らないといいなぁ）

I hope that 〜.
「〜だといいなぁ」

5. 母は知っている（何をかというと）私は遅くに帰宅する 今夜
（今夜、私は遅くに帰宅することを母は知っています）

6. 父は言った（何をかというと）私は新しい自転車を買っていい
（新しい自転車を買っていいと父は言いました）

saidは
say（言う）の
過去形。

7. ごめんなさい（何がかというと）私が遅刻した
（遅刻してごめんなさい）

気持ちを表す形容詞
のあとにもthat 〜が
置けるよ。
「ごめん」→（何が？）
→「遅刻して」

8. 気の毒です（何がかというと）あなたの愛犬が亡くなった
（あなたの愛犬が亡くなって気の毒です）

9. 私はうれしい（何がかというと）あなたがプレゼントを気に入っている
（そのプレゼントを気に入ってくれてうれしいです）

10. 彼女は悲しい（何がかというと）そのテレビドラマが終わった
（彼女はテレビドラマが終わって悲しいです）

OUTPUT LESSON 38

「〜だと」「〜だということ」 that 〜

066

“接続詞”でつけたす ② 【that】

I think（私は思う）や She said（彼女は言った）とまず切り出してから、thatでつないで、文の形で具体的な中身を言う。これが英語での組み立て方だね。ただ、接続詞thatはそれ自体が重要な意味を持つ言葉ではないので、実は省略することもできるんだ（省略しても文の意味は変わらない）。つまり、I thinkやShe saidのあとに、いきなり文を続けて中身を言えるよ。**3.**〜**10.** は、thatを省略した形で音声を収録したよ。

1. この映画は良いと思う。

2. ジャイアンツ（the Giants）が試合に勝つと思う。
   *勝つ：win

3. あなたは大阪の出身だと思ってたよ。（カン違いに気がついて）

4. そのプレゼントを気に入ってくれるといいな。（相手に贈り物をして）

5. 彼が窓を割ったことを全員が知っている。
   *割った：broke

6. ユウコはお腹が空いていると言った。

7. あなたを手伝えなくてごめんね。

8. あなたのおじいちゃんが具合が悪くて気の毒です。

9. 試験に合格してうれしい。
   *合格する：pass

10. スミス先生（Mr. Smith）は日本語を上手に話せてびっくりです。

↙ 省略できる！

I think ~~that~~ this movie is good.
私は思う ~~（何をかと言うと）~~ この映画は いいと

I'm happy ~~that~~ you like the gift.

(!) つなぎの that を使うと、よりはっきりと、わかりやすく説明している感じになるよ。

1. **I think** that this movie is good.

2. **I think** that the Giants will win the game.

I think と切り出してから、その中身・内容を言おう。（thatのあとは主語+動詞～）

3. **I thought** (that) you were from Osaka.

4. **I hope** (that) you like the present.

thought（過去形）に合わせて、続く文でも you were としてるよ。（ただし、you are でもOK）

5. **Everybody knows** (that) he broke the window.

6. **Yuko said** (that) she was hungry.

会話では that がよく省略されるよ。（必要ない語は省いた方がラクなので）

7. **I'm sorry** (that) I can't help you.

8. **I'm sorry** (that) your grandfather is sick.

7.～10. は、まず気持ちを言ってから、その中身。（「何が申し訳ない？」「何が気の毒？」）

9. **I'm happy** (that) I passed the test.

10. **I'm surprised** (that) Mr. Smith speaks Japanese well.

INPUT

LESSON 39

when ～「～のとき」

067

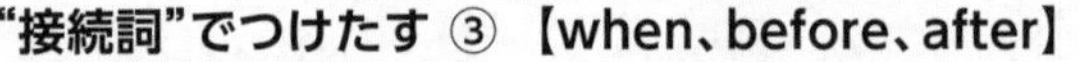

“接続詞”でつけたす ③ 【when、before、after】

今回は「いつ?」を説明するときに使う接続詞を見ていこう。PART 1では、前置詞を使って on Monday「月曜日に」や at three「3時に」などとつけたす練習をしたね。今回、接続詞の when や before を使うことで、「駅に着いたら電話してね」「家を出る前に窓を閉めてね」といったさらに詳しい説明ができるようになるよ。まず、右でそれぞれの接続詞の意味を確認しよう。接続詞のうしろには新しい文（主語＋動詞～）が続くよ。

1. I lived in Nara when I was six.

2. I'll call you when I get to the station.

3. I want to be a singer when I grow up.

4. It was raining when I left my house.

5. Wash your hands before you eat.

6. I usually do my homework before I take a bath.

7. Let's play soccer after we eat lunch.

8. I felt happy after I watched the movie.

9. Taka called while you were taking a shower.

10. When I'm free, I like to listen to music.

I'll call you when I get home.（いつ？）
電話するね 家に着いたとき
（家についたら電話するね）

いつ？
after～ ～のあと
before～ ～の前
while～ ～の間

1. 私は奈良に住んでいた 6歳のとき
(私は6歳のとき、奈良に住んでいました)

2. あなたに電話するね 駅に着いたときに
(駅に着いたらあなたに電話しますね)

3. 私は歌手になりたい 大きくなったときに
(私は大きくなったら歌手になりたいです)

出だしの主語＋動詞の内容に対して、「いつ？」を意識しながら、青字の情報をつかもう。
・私は奈良に住んでた
→(いつ？)→6歳のとき
when は「～のとき」

4. 雨が降っていた 私が家を出たとき
(私が家を出たときは雨が降っていました)

5. 手を洗って 食べる前に
(食べる前に手を洗いなさい)

before ～
「～の前に」

6. 私はふだん宿題をする お風呂に入る前に
(私はふだん、お風呂に入る前に宿題をします)

7. サッカーしよう 昼ごはんを食べたあとに
(昼ごはんを食べたらサッカーをしましょう)

after ～
「～のあとに」

8. 私は幸せな気分だった その映画を見たあと
(その映画を見たあとは私は幸せな気分でした)

9. タカが電話してきた あなたがシャワーを浴びている間に
(あなたがシャワーを浴びている間、タカから電話がありました)

while ～
「～の間に」

10. 私はひまなとき 音楽を聞くのが好き
(私はひまなときは、音楽を聞くのが好きです)

どんな場合かを強調したいときは、when ～を前半に置くこともできるよ。

OUTPUT LESSON 39

「〜のとき」 when 〜

068

“接続詞”でつけたす ③ 【when、before、after】

接続詞は、うしろに新しい文が続くので、on Monday や at three など前置詞を使ったつけたしに比べて、より詳しい内容を説明できるのが特徴だよ。作文するときは、メインの主語+動詞〜（誰がどうする）を作ってから、接続詞を使って「いつ?」の情報をつけたそう（日本語の青文字の内容）。なお、when や after は後半に置くのが基本だけど、どんな場合かを強調したいときは、文の前半に置くこともできたね（10. の文）。

1. 私は10歳のときに長野に引っ越した。
*引っ越す：move

2. 家に着いたら私に電話してね。（相手への指示）

3. 私は小さいとき、歌手になりたかった。

4. あなたが電話をくれたときは寝てたんだ。（自分のこと）
*「ちょうど寝ているところだった」と考えよう

5. 出かける前に窓を閉めてね。（相手への指示）
*出かける：go out

6. 私は朝ごはんを食べる前にシャワーを浴びます。

7. 宿題が終わったらテレビを見ようっと。（ひとりごと）

8. そのニュースを聞いたあと、私は悲しい気分だった。

9. 私が準備している間、ここで待っててね。（相手への指示）
*準備をする：get ready

10. 私はひまなときは、ピアノを弾くのが好きです。

◎「いつ?」の内容は文の後半につけたすのが基本
It was snowing when I got up.
雪が降っていた (いつ?) 起きたとき
↓でも、文の前半に置くこともできる!
When I got up, it was snowing.
コンマをつけて文の区切りを示す

1. I moved to Nagano when I was ten.

2. Please call me when you get home.

「～に着いたら」は、つまり「～に着いたとき(=when)」ということだね。

3. I wanted to be a singer when I was small.

4. I was sleeping when you called.

「ちょうど寝ているところだった」→ was sleeping

5. Close the window before you go out.

6. I take a shower before I eat breakfast.
(have)

7. I'm going to watch TV after I finish my homework.

「～が終わったら」は、つまり「～が終わったあと(= after)」ということ。なお、after/ when などに続く文は、内容が未来でも現在形で表すよ(×I will finish)。

8. I felt sad after I heard the news.

9. Please wait here while I get ready.

10. When I'm free, I like to play the piano.

I like to play... when ～ の順番でもOK。

INPUT LESSON 40

because ～「(なぜなら) ～だから」

069

“接続詞”でつけたす ④ 【because/ if】

今回は「どうして?」と理由を説明するときの接続詞 because を学ぼう。I like autumn because the weather is nice. は、I like autumn (秋が好き) という文に対して、because the weather is nice (なぜなら天気がいいから) と文の形で理由を説明しているよ。because (なぜなら) の直後に理由が続くので、この内容をしっかりキャッチしよう。また、今回は、あわせて接続詞 if ～「もし～ならば」も取り上げるよ。

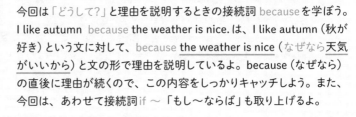

1. I can't play today because I have homework.
2. I like summer because we can swim in the sea.
3. I can't talk now because I'm on the train.
4. I'm tired because I went to bed late last night.
5. Why do you like winter?—Because I enjoy skiing.
6. I'll make a sandwich if you're hungry.
7. Let's play tennis tomorrow if it's not raining.
8. You'll miss the train if you don't hurry.
9. If you want, I'll help you.
10. If you have any questions, please ask me.

理由

I like autumn because the weather is nice.

私は秋が好き（どうして？）天気がいいから

条件

Let's have dinner if you're free.

夜ご飯を食べよう（どんな場合？）もし暇なら

1. 私は今日遊べない（なぜなら）私は宿題があるから
(宿題があるので、私は今日は遊べません)

2. 私は夏が好き（なぜなら）私たちは泳げるから 海で
(海で泳げるので、私は夏が好きです)

出だしの主語＋動詞～の内容に対して、理由は何だと言ってる？becauseのあとの文に注目しよう。

3. 私は今、話せない（なぜなら）私は電車に乗っているから
(電車に乗っているので、私は今は話せません)

4. 私は疲れている（なぜなら）私は遅くに寝たから 昨夜
(昨夜は遅くに寝たので、私は疲れています)

5. どうして冬が好きなの？ スキーするのが好きだから
(どうして冬が好きなのですか？ —— スキーをするのが好きだからです)

Why ～？の質問にBecause ～.で理由を返事。

6. サンドイッチを作ってあげるよ もしお腹が空いているなら
(もしお腹が空いているなら、サンドイッチを作ってあげますよ)

7. 明日テニスをしよう もし雨が降っていなかったら
(もし雨が降っていなかったら、明日一緒にテニスをしましょう)

「どんな場合？」。ifのあとの内容(条件)に注目。

8. 電車を逃してしまうよ もし急がないと
(急がないと電車を逃してしまいますよ)

9. もしあなたが希望するなら 私が手伝ってあげる
(もしよかったら、手伝ってあげますよ)

10. もし何か質問があったら 私に聞いてください
(もし何か質問がありましたら、私に聞いてください)

どんな場合かを強調したいときは、if ～は前半にも置けるよ。

OUTPUT LESSON 40

「(なぜなら)～だから」 because ～

070

“接続詞”でつけたす ④ 【because/ if】

出だしでメインの文（主語+動詞～）を作ったあとに、because ～や if ～で理由・条件をつけたそう。いずれも、～には文の形が入るよ（新しい主語+動詞～）。接続詞を使うことで、こうして結果的に2つの文がつながるので、どんどん複雑な文ができあがっていくよ。作文するときに混乱しないように、「出だし」（メインの文）と「つけたし」（サブの文）をしっかり意識して組み立てよう。

1. 風邪を引いていたので、昨日は学校に行かなかったんだ。（自分のこと）
   *風邪を引いている：have a cold

2. スキーができるので、冬が好き。（好きな季節を聞かれて）

3. ヒロシはやさしいので人気です。
   *人気のある：popular

4. 私が約束を守らなかったので、お母さんが怒ってる。
   *約束を守る：keep my promise

5. どうして今朝は遅刻したのですか？ —— 電車が止まったからです。

6. もし晴れてたら、明日キャンプに行こうよ。

7. あなたが行くなら、私も行くよ。

8. もしよかったら、手伝ってあげるよ。（相手に）
   *「もしよかったら」は「もしあなたが希望するなら」と考えよう

9. もしひまだったら、パーティーに来てね。

10. ラーメンが好きなら、きっとこの店は気に入るよ。（相手にすすめて）

「〜だから」「〜なので」→ because + 文

条件 「(もし)〜ならば」→ if + 文

＊ if〜は文の前半にも置ける。

1. I didn't go to school yesterday because I had a cold.

2. I like winter because I can ski.

3. Hiroshi is popular because he is kind.

because で理由を説明しよう。
(うしろは「主語+動詞〜」)

4. My mom is angry because I didn't keep my promise.

5. Why were you late this morning?—Because the train stopped.

6. Let's go camping tomorrow if it's sunny.

7. I'll go if you go.

「行く」のは
この先のことなので、
I'll goと未来表現に。ただし、
ifに続く文は、内容が未来の
場合でも現在形にするよ。
×if you'll go

8. I'll help you if you want.
*If you want, I'll 〜. でも OK

9. If you're free, please come to the party.

10. If you like ramen, you'll like this shop.

If 〜を前半に置くと、
「もしも〜ならば」という
条件がより強調されるよ。
もちろん、英文としては
Please come ... if 〜.
でもOK。

OUTPUT
Mini Test
LESSON 41

接続詞

071

接続詞をまとめて練習しよう

Lesson 37から40まで、and、that、when、becauseなど色々な接続詞を使って情報をつけたす練習をしてきたよ。今回は全部をごちゃ混ぜにした問題で、それらを使い分ける練習をしよう。接続詞を使うことで、1つの文の中に2つの「主語+動詞〜」のカタマリが含まれることになるよね。表現できる内容がぐっと広がる一方で、文が複雑になって混乱しやすくもなるよ。パッと正しく言えるようになるまで、しつこく練習しよう。

1. 昨夜は、夜ご飯を食べてテレビを見ました。
*Last night,(昨夜は)で始めよう

2. この本はおもしろいと思う。

3. 桜がきれいなので、春が好きです。(自分の考え)
*桜:the cherry blossoms

4. もし晴れてたら、明日はテニスをやろうっと。(自分の予定)

5. カレーがいい? それともパスタ?(相手に夕食の希望を尋ねて)
*「〜がほしい?」と考えよう

6. あなたがパーティーに来れるのがうれしいです。(自分の気持ち)

7. 急がないと電車に遅れるよ。

8. その鍋は熱いので、気をつけてね。
*鍋:pot

9. 私は7歳のときにテニスをやり始めたんだ。

10. 寝たいけど、やらなくちゃいけない宿題がたくさんある。

- A and B「AそしてB」、A or B「AまたはB」、A but B「AだけどB」、A so B「AなのでB」
- that「〜だと」「〜だということ」（中身へのつなぎ）
- when「〜のとき」、after「〜のあと」、while「〜の間」など
- because「（なぜなら）〜だから」、if「（もし）〜ならば」

1. Last night, I had dinner and watched TV.
(ate)

2. I think (that) this book is interesting.

3. I like spring because the cherry blossoms are beautiful.

4. I'm going to play tennis tomorrow if it's sunny.

5. Do you want curry or pasta?

6. I'm happy (that) you can come to the party.

7. Hurry, or you'll be late for the train.
*If you don't hurry, you'll be 〜. でも表せるよ

8. The pot is hot, so be careful.

9. I started playing tennis when I was seven.
*began playing でも OK

10. I want to sleep, but I have a lot of homework to do.
*want to go to bed でも OK

COLUMN
コラム
No. 9

接続詞を使って バリバリ話そう！

Lesson 37～40 では and、but、so、when、because などさまざまな接続詞の使い方を学んだね。接続詞を使うことで、もとの文に「まるごと新しい文」をつけたすことができるようになるよ。これは実はとてもスゴイことで、これまでに比べて 2 ～ 3 倍の長さの英文が作れるということだよ！

また、単に文が長くなるだけではなく、「理由（～なので）」「条件（もし～なら）」「逆接（だけど～）」といった複雑な内容も知らず知らずのうちに言えるようになるんだ。接続詞は、英会話の新しい扉を開いてくれる、まさに魔法のような言葉。

接続詞は、会話はもちろんのこと、教科書などの長文・説明文でもよく出てくるよ。以下のような長めの文章を読むことにもしっかり慣れておこう。

〈サンプル 1〉

Taro: **Mom, I'm home! Wow, cupcakes! Did you make them?**

Mom: **Yes, I baked them while you were at school. Taro, wash your hands before you eat.**

Taro: **OK. Mom, can I play baseball at the park with my friends after I eat this?**

Mom: **Alright, but come home by five. You have a lot of homework to do, right?**

Taro: **No, I finished writing my report yesterday. So can I stay until six?**

Mom: **OK, but be careful. It will be dark outside.**

*I'm home.：家に帰って来たよ。（→ただいま）/ ～ , right?：～でしょ？ / stay：いる、滞在する / until ～：～まで（ずっと）/ dark：暗い

タロウ：お母さん、ただいま！ うわ～カップケーキだ！ 作ったの？
母親：そうよ、タロウが学校にいる間に焼いたの。食べる前に手を洗いなさい。

タロウ：わかったよ。お母さん、これ食べたら友達と公園で野球してもいい？
母親：いいよ。でも、5時までには帰ってきなさいね。やらなくちゃいけない宿題がたくさんあるんでしょ。
タロウ：いや、昨日、レポートを書き終えたよ。なので、6時までいていい？
母親：わかったわ。でも、気をつけてね。外は暗くなっているから。

〈サンプル 2〉

From: Patty Smith
To: Julie Suzuki
Date: October 10
Subject: Halloween Party

Hi Julie,
I'm going to have a Halloween party at my house on Sunday, October 28. Can you come? It's a costume party, so everybody is going to wear a costume. The party will start at 7 pm. We'll have some light meals and drinks. It will be fun because Sam, Tommy and Lisa will also come. If you have any questions, please ask me! I hope you can come.

See you,

Patty

こんにちは、ジュリー

10月28日の日曜日に私の家でハロウィンパーティーを開くの。来られるかな？コスチューム・パーティーだから、みんながコスチュームを着るのよ。パーティーは7時スタート。簡単な食事と飲み物を用意してるわ。サムとトミー、リサも来るから楽しいはずよ。何か質問があれば聞いてね。あなたが来られるといいなぁ。

またね、

パティ

接続詞をマスターして、英文をバリバリ読んで話せるようになろう！

INPUT

LESSON 42

There is a cute dog.

「かわいい犬がいます」

072

特殊な文型 ① 【There is ～.】

英語の文は、出だしが「主語」(「私は」「この本は」など) で始まるのが大原則だけど、一部、主語で始まらない特殊な文もあるよ。その一つが There is ～.。There is (are) は何かが「いる・ある」(=存在する) ということを知らせたいときに使う表現。たとえば「黒いネコがいる!」は There is a black cat!。出だしの There is でまず「いるよ」と知らせてから、具体的に何がいるのかを続けるんだ。

1. There is a little cat under that car.
2. There are 35 students in my class.
3. There is a festival at the park.
4. There was a big earthquake last night.
5. There were many people at the concert yesterday.
6. There isn't a swimming pool at our school.
7. There aren't any bus stops on this street.
8. Is there a bus to Shibuya Station?
9. Are there any convenience stores near here?
10. How many prefectures are there in Japan?

存在を知らせる There is ～

木の下に黒いネコがいる！

There is a black cat under that tree.
いるよ（何が？）黒いネコが（どこに？）あの木の下に

There are two parks near my home.
あるよ（何が？）2つの公園が（どこに？）私の家の近くには

！ There isはただの合図と考えよう。実際の主語（何が？）は続くblack cat や two parks。

1. いる 子猫が あの車の下に
（あの車の下に子猫がいます）

There is[are] のあとに注目。何がある（誰がいる）と言っている？

2. いる 35人の生徒が 私のクラスに
（私のクラスには生徒が35人います）

3. ある お祭りが 公園で
（その公園でお祭りがあります）

文の後半で「どこ」にいるのかを説明するよ（at ～、in ～）。

4. あった 大きな地震が 昨夜
（昨夜、大きな地震がありました）

was/ were（過去形）なので、「前のこと」だね。→「いた、あった」

5. いた 大勢の人が コンサートに 昨日
（昨日のコンサートには大勢の人がいました）

6. ない プールが 私の学校には
（私の学校にはプールがありません）

There isn't[aren't] ～で否定文になるよ。→「ない、いない」

7. 一つもない バス停が この通りには
（この通りにはバス停が一つもありません）

There aren't any ～は「（数が）1つもない」という意味。

8. ありますか バスが 渋谷駅への
（渋谷駅行きのバスはありますか？）

Is[Are] there ～？ →「ある？、いる？」

9. 何かありますか コンビニが この近くに
（この近くに何かコンビニはありますか？） *「種類は何でもいい」ということ

10. いくつの県が ありますか 日本には
（日本にはいくつの県がありますか？）

Are there any ～？「～は何かありますか？」

「かわいい犬がいます」
There is a cute dog.

073

特殊な文型 ① 【There is ～.】

There is で切り出して、何がいる（ある）のかを伝えよう。実際の主語はThere isの直後の名詞なので、be動詞はそれに合わせてis/ areを使い分けよう。また、「存在しない」（ない、いない）と言いたいときはThere isn't（aren't）～、存在するか確認したいときはIs（Are）there ～？の形にしよう。anyは否定文で「1つも（ない）、少しも（ない）」、疑問文で「（何でもいいので）何か」「1つでも」という意味を表すよ。

1. あそこにかわいい鳥がいる！

2. 私の家族は4人います。（→4人家族です）

3. 3時20分に急行列車があるよ。
*急行列車：an express train

4. 昨日、サッカーの試合がありました。

5. 公園にはたくさんの人がいました。

6. 時間がありません。

7. 私の家の近くにはコンビニが（一つも）ありません。
*コンビニ：convenience store

8. このお店にはトイレはありますか？
*(公共の)トイレ：a restroom

9. 何か質問はありますか？（先生がクラスに向けて）

10. テニス部には何人いますか？

・人や物が複数 → There are ～.（複数形）
・否定文（いない／ない）→ There isn't ～. / There aren't any ～.
・疑問文（いる？／ある？）→ Is there ～? / Are there any ～?
・過去のこと → There was[were] ～. / There wasn't[weren't] ～.

1. There is a cute bird there!

2. There are four people in my family.

There is[are] の直後に、
何がいる（ある）のかを言おう。
「どこ？（いつ？）」の
情報はそのあとに。

3. There is an express train at 3:20.

4. There was a soccer game yesterday.

過去のことを振り返って
話しているので、
was/ were（過去形）に。

5. There were many people at the park.

6. There isn't time.

「（数が）1つもない」は
There aren't any ～（複数形）..

7. There aren't any convenience stores near my home.

8. Is there a restroom in this store?

返事は、
Yes, there is. /
No, there isn't.

9. Are there any questions?

疑問文の any は、
「（何でもいいので）何か」
という意味。

10. How many people are there in the tennis club?

This cake looks good.

「このケーキはおいしそう」

特殊な文型 ② 【look、give、make】

Lesson 42に続き、もう1つ特殊な文型を紹介するよ。英語では、動詞のあとの形は、次の2パターンが基本だよ。① I live in Tokyo. のように「前置詞+～」を続ける ② I play the piano. のように直後に目的語（名詞）を続ける。だけど一方で、一部の動詞はうしろに「形容詞」を続けたり、「目的語を2つ」並べたりすることもできるんだ。右で3つの特殊なパターンを確認しよう。動詞の直後には、どんな言葉が並んでいる？

1. This cake looks good.
2. You look happy.
3. It's getting dark.
4. Mom got very angry at me.
5. I gave Jun my old racket.
6. My parents bought me a new bag for my birthday.
7. Ms. Takeda told us a funny story in class.
8. We named our dog Blacky.
9. We call this sweets “daifuku” in Japanese.
10. Your e-mail made me happy.

動詞のあとの形が特徴的 同じ仲間

- You look happy. ------→ sound, become, get
  あなたは 見える (どんな風に？) 幸せに
- I gave her a present. ------→ tell, send, buy
  あげた (誰に？) 彼女に (何を？) プレゼントを
- This song makes me happy. ---→ call, name
  させる (誰を？) 私を (どんな風に？) 幸せに

1. このケーキは見える おいしそうに
(このケーキはおいしそうです)

2. あなたは見える うれしそうに
(あなたはうれしそうですね)

look＋形容詞
「～に見える」(見た様子)

3. (外が) なってきている 暗く
(暗くなってきています)

4. 母がなった とても怒った状態に 私に対して
(お母さんが私にとても怒りました)

get＋形容詞
「～になる」(状態の変化)

5. 私はあげた ジュンに 私の古いラケットを
(私はジュンに、私の古いラケットをあげました)

give＋人＋モノ
「人にモノをあげる」

6. 私の両親が買ってくれた 私に 新しいバッグを 誕生日に
(両親が私の誕生日に新しいバッグを買ってくれました)

7. 竹田先生が話してくれた 私たちに おかしい話を 授業中に
(竹田先生が授業中に私たちにおかしい話をしてくれました)

5.～7.は、2つの目的語パターン(誰に、何を？)

8. 私たちは名付けた 私たちの犬を ブラッキーと
(私たちは飼い犬をブラッキーと名付けました)

name＋A＋B
「AをBと名付ける」

9. 私たちは呼ぶ このお菓子を「ダイフク」と 日本語で
(私たちは日本語でこのお菓子を「ダイフク」と呼びます)

10. あなたのメールはした 私を 幸せな状態に (あなたのメールは私を幸せな気分にしました → あなたのメールを読んで、幸せな気持ちになりました)

8.～10.は、「目的語 → その説明」パターン

OUTPUT
LESSON 43

「このケーキはおいしそう」
This cake looks good.

075

特殊な文型 ② 【look、give、make】

動詞のうしろの形に注意して作文しよう。右の3つのパターンが出てくるよ。①は主語の様子・変化を説明するときのパターンで、うしろに「形容詞」を続けるよ。②は「人に何かを与える（伝える）」という内容を表すときのパターンで、「誰に」→「何を」の順番で2つの目的語（名詞）を続けよう。最後に、③は目的語の様子や性質を説明するパターンで、「目的語」（名詞）→「その説明」（名詞・形容詞）という順番で並べるよ。

1. このカレー、辛そう。
   *辛い：hot

2. 藤田さん (Mr. Fujita) って若く見えるね。

3. 寒くなってきたね。

4. 私は試合のあと、とても疲れた。

5. 私は誕生日に、母にお花をあげました。
   *花：flowers

6. その写真、私に送ってくれる？

7. ユウタが私におもしろい話をしてくれた。

8. 私は、私のハムスターをチョコ (Choco) と名付けた。
   *ハムスター：hamster

9. 私たちは日本語でこのゲームを「すごろく」(sugoroku) と呼びます。

10. この歌は私を幸せな気分にしてくれます。
    (→この曲を聞くと幸せな気持ちになります)

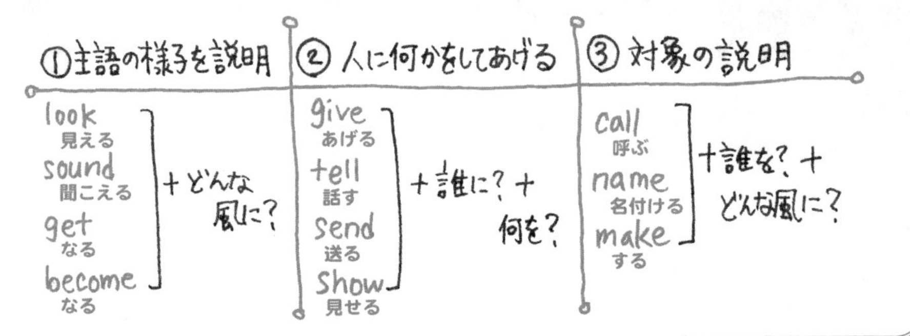

1. **This curry** looks hot.

2. **Mr. Fujita** looks young.

どんな風に見える？
〈look＋形容詞〉で表そう。

3. **It's** getting cold.

4. **I** got very tired **after the game.**

どんな状態になった？
〈get＋形容詞〉で表そう。

5. **I** gave my mother flowers **for her birthday.**

6. **Can you** send me the picture?

7. **Yuta** told me an interesting story.

誰に、何を？
2つの目的語を
並べよう。

8. **I** named my hamster Choco.

9. **We** call this game "sugoroku" **in Japanese.**

10. **This song** makes me happy.

誰（何）を、
どんな風に？
・AをBと呼ぶ
→call A B
・AをBにする
→ make A B

特殊な文型

076

特殊な文型を整理しよう

Lesson 42と43で練習してきた特殊な文型をまとめて練習しよう。There is 〜.「〜がいる」は出だしが特徴的で、主語で始まらないのがポイントだったね。また、look、give、callといった動詞は、「動詞のあとの形」がポイント。右で改めて確認しよう。こうした特殊な形を取れる動詞は、数こそは限られているけど、会話の中でよく使われるよ。それぞれのパターンをしっかり身につけよう。

1. あそこに大きな犬がいる。

2. 暑くなってきたね。

3. 私はユカに誕生日プレゼントをあげました。
*誕生日プレゼント：birthday present

4. 私の町にはラーメン店が一つもありません。
*ラーメン店：ramen shop

5. 忙しそうだね。（相手に）

6. あなたの学校には部活はいくつあるの？
*「部活」（club）の数をたずねよう

7. そのニュースは、私を悲しい気持ちにさせました。

8. ここには英語の本は何かありますか？（書店の店員に）
*「何でもいいので、何か」と聞こう

9. この教室には黒板がありません。
*黒板：blackboard、教室：classroom

10. 私は飼い猫をミヤ（Miya）と名付けました。

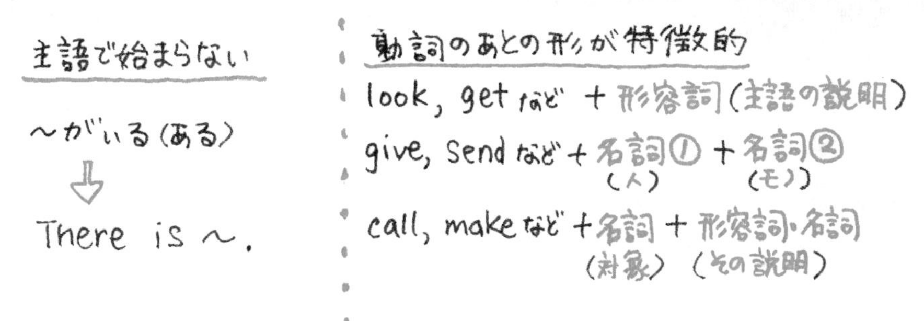

1. There is a big dog there.

2. It's getting hot.

3. I gave Yuka a birthday present.

4. There aren't any ramen shops in my town.

5. You look busy.

6. How many clubs are there at your school?

7. The news made me sad.

8. Are there any English books here?

9. There isn't a blackboard in this classroom.

10. I named my cat Miya.

INPUT LESSON 45

taller「もっと背が高い」

077

比較の表現① 【もっと～】

PART 2の最後に取り上げるのは「比較」の文。ある人・モノを、別の人・モノと比べて、「もっと背が高い」や「もっと人気だ」などと言いたいときは、単語のおしりにerをつけるよ。たとえば、tallは「背が高い」、tallerなら「もっと背が高い」。I am taller.で「私の方がもっと背が高い」になるんだ。この直後にthan Ken（ケンよりも）などと比べる相手を言えば、比較の文が完成するよ。なお、単語が長い場合は、erをつける代わりに、単語の前にmoreを置くよ。

1. I'm taller than my sister.
2. Tokyo Skytree is higher than Tokyo Tower.
3. Japan is larger than Italy.
4. Takako can run faster than me.
5. In Japan, baseball is more popular than basketball.
6. For me, history is more interesting than math.
7. This blue jacket is more expensive than that green one.
8. Could you speak more slowly, please?
9. I am a better player than him!
10. I like chocolate better than vanilla.

短い語　tall → taller
背が高い　もっと背が高い

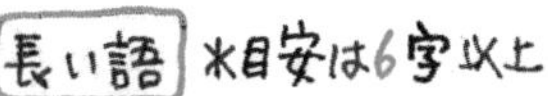

interesting → more interesting
おもしろい　もっと おもしろい

・History is more interesting than math.
歴史　もっと おもしろい　数学よりも

1. 私はもっと背が高い 妹よりも
(私の方が妹よりも背が高いです)

2. 東京スカイツリーはもっと高い 東京タワーよりも
(東京スカイツリーの方が東京タワーよりも高いです)

「もっと〜だ」→「…よりもね」の流れを意識しよう。than 〜は「〜よりも」(比較相手)

3. 日本はもっと大きい イタリアよりも
(日本の方がイタリアよりも大きいです)

4. タカコは走れる もっと速く 私よりも
(タカコの方が私よりも足が速いです)

swim fasterだったら「もっと速く泳げる」

5. 日本語では野球はもっと人気だ バスケよりも
(日本では、野球の方がバスケよりも人気です)

6字以上の長い語は more 〜

6. 私にとって、歴史はもっとおもしろい 数学よりも
(私にとっては、歴史の方が数学よりもおもしろいです)

7. この青いジャケットはもっと値段が高い あの緑のものよりも
(この青いジャケットの方が、あの緑のものよりも高価です)

8. 話していただけますか もっとゆっくりと
(もっとゆっくり話していただけますか？)

9. 私はもっといい選手だ 彼よりも
(私の方が彼よりもいい選手です)

betterは「もっといい、もっと上手に」

10. 私はチョコレートが好き もっと バニラよりも
(私はチョコレートの方がバニラよりも好きです)

like 〜 betterで「〜がもっと好き」

OUTPUT
LESSON 45

「もっと背が高い」 taller

078

比較の表現① 【もっと～】

出だしで「○○はもっと～だ！」と言い切ってから、そのあとに「～よりもね」と比較対象をつけたそう。単語（形容詞・副詞）の長さによって、～erと more ～の形を使い分ける点を忘れずにね。なお、～erの形をつづるときは、右のパターンに注意しよう。さらに、goodやwellは、×gooderなどとは言わず、"better"という完全に違う語に変わる点も押さえておこう。なお、こうした「もっと～」を表す形容詞・副詞の形を「比較級」と言うよ。

1. 私のお母さんの方が、お父さんよりも（もっと）背が高い。

2. 今日の方が昨日よりも（もっと）暑い。

3. このジャケットの方が、あの青いのよりも（もっと）すてきだよ。
*すてき：nice

4. ユウジの方が私よりも（もっと）速く泳げる。

5. アメリカでは、フットボール（football）の方がサッカーよりも（もっと）人気だ。 *アメリカ英語では、footballは「アメリカンフットボール（アメフト）」のこと

6. 私にとっては、理科の方が歴史よりも（もっと）楽しい。
*「理科」はscience。ここでは「楽しい」はinteresting（興味深い）としよう

7. この写真の方が、あの写真よりも（もっと）きれいだ。

8. もっとゆっくりと歩いていただけませんか？

9. 彼の方が私よりも歌が（もっと）うまい。
*singerを使って表してみよう

10. 私はそばよりもうどんの方が（もっと）好き。
*「そば」はsoba、「うどん」はudon

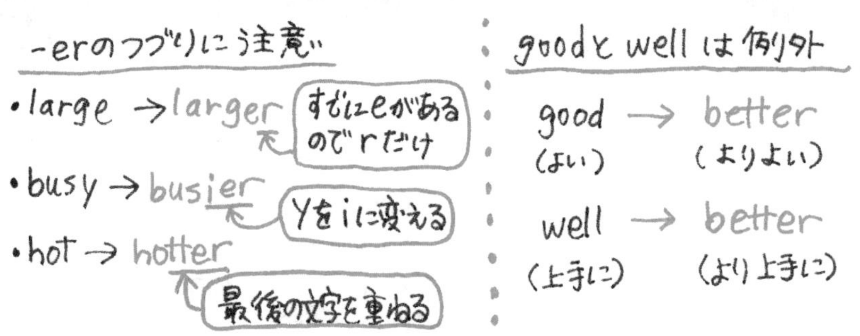

1. My mother is taller than my father.

×more tall
(短い語は-er)

2. Today is hotter than yesterday.

-erの
つづりに注意。

3. This jacket is nicer than that blue one.

4. Yuji can swim faster than me.

5. In America, football is more popular than soccer.

×popularer
(6字以上の長い語は more 〜)

6. For me, science is more interesting than history.

7. This picture is more beautiful than that one.

8. Could you walk more slowly, please?

「もっと速く」なら
faster

9. He is a better singer than me.
*He sings better than me. でも OK

10. I like udon better than soba.

like 〜 betterで
「〜の方が好き」

INPUT
LESSON 46

the tallest「一番背が高い」

079

比較の表現②【一番～】

比較の文の続きだよ。今回は、ある集団の中で「一番～だ」と言いたいときの言い方を見ていこう。ポイントは、形容詞・副詞のおしりに -estをつけること（単語が長い場合は、前にmost）。I am the tallest. で「私は一番背が高い」、History is the most interesting. なら「歴史が一番おもしろい」。この直後にin my class（私のクラスの中で）やof all subjects（すべての科目の中で）を続けると、「何の中で一番なのか」（比較の範囲）が言えるよ。

1. Tokyo Skytree is the highest tower in Japan.

2. Tamachi Station is the closest station from here.

3. The blue whale is the largest animal on Earth.

4. August is the hottest month in the year.

5. Tsutomu runs the fastest of the five.

6. Who's the most popular singer in Japan now?

7. Our health is the most important thing in life.

8. I think English is the most interesting subject of all.

9. Yuji is the best tennis player in our class.

10. I like this song the best.

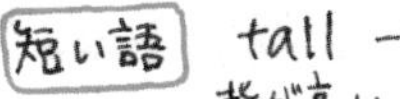

短い語 tall → taller → tallest
背が高い　もっと背が高い　一番背が高い

I am the tallest in my class.
一番背が高い　クラスの中で

長い語
interesting → more interesting → most interesting
おもしろい　もっと おもしろい　一番おもしろい

• History is the most interesting of all subjects.
一番おもしろい　すべての科目の中で

1. 東京スカイツリーは一番高い塔だ 日本で
(東京スカイツリーは日本で一番高い塔です)

2. 田町駅が一番近い駅だ ここからは
(ここからは田町駅が一番近い駅です)

「一番〜だ」
→「…の中でね」
の流れを
意識しよう。

3. シロナガスクジラは一番大きい動物だ 地球上で
(シロナガスクジラは地球上で一番大きな動物です)

4. 8月は一番暑い月だ 一年の中で
(8月は一年の中で一番暑い月です)

in 〜「(ある範囲)の中で」
of 〜「(複数の人・モノ)の中で」

5. ツトムは走る 一番速く 5人の中で
(ツトムは5人の中で一番足が速いです)

6. 誰が一番人気のある歌手ですか 今、日本で
(今、日本で一番人気のある歌手は誰ですか)

6字以上の長い語は
most 〜

7. 私たちの健康は一番大切なものだ 人生で
(私たちの健康こそが、人生で一番大切なものです)

8. 私は思う 英語が一番おもしろい科目だと すべての中で
(私はすべての中で英語が一番おもしろい科目だと思います)

9. ユウジが一番うまいテニス選手だ 私たちのクラスの中で
(ユウジは私たちのクラスで一番テニスがうまいです)

bestは
「一番いい、一番上手に」

10. 私はこの曲が好き 一番
(私はこの曲が一番好きです)

like 〜 the bestで
「〜が一番好き」

OUTPUT
LESSON 46

「一番背が高い」 the tallest

080

比較の表現② 【一番～】

出だしで「○○は一番～だ!」と言い切ってから、(必要あれば)「～の中でね」と比較の範囲をつけたそう。形容詞・副詞の長さによって～estと most ～の形を使い分ける点や、～estのつづりに注意しよう。また、goodやwellは bestに。ちなみに、「一番～」を表すこの形を最上級と言うんだけど、一番ということは「1つしかない」ということだよね。1つに特定するために、最上級の前にはtheをつけるよ(the tallest)。

1. 富士山 (Mt. Fuji) は日本で一番高い山です。

2. セブンイレブン (Seven Eleven) がここから一番近いコンビニだよ。

3. チーターは一番速い陸上の動物です。
*チーター:the cheetah、陸上の動物:land animal

4. 1月が東京で一番寒い月です。

5. ユウジは4人の中で一番泳ぐのが速いです。

6. 日本で今一番人気の曲は何?

7. 平和こそが人生で一番大切なものです。
*平和:peace

8. 私はすべての中で、理科が一番おもしろい科目だと思います。

9. サヤカがコーラス部で一番歌が上手です。
*singerを使って表そう。「コーラス部」はchorus club

10. 私はカレーが一番好き。(好きな料理を聞かれて)

- -est(most～)の語の前にtheを置く(the tallest in～)
- -estのつづりの注意点は-erと同じ(largest, busiest, hottest など)
- 「～の中で」の言い方 －in＋範囲・場所(in my class)
  －of＋複数を表す語(of the three)
- good, wellは変化に注意 good / well → better → best

1. Mt. Fuji is the highest mountain in Japan.
Japanは"範囲"なので in。

2. Seven Eleven is the closest convenience store from here.
-estのつづりに注意。

3. The cheetah is the fastest land animal.

4. January is the coldest month in Tokyo.

5. Yuji swims the fastest of the four.
*Yuji is the fastest swimmer of ～. でも OK
「4人」という複数の中でなので、of。

6. What's the most popular song in Japan now?
×popularest (長い語は most ～)

7. Peace is the most important thing in life.

8. I think science is the most interesting subject of all.

9. Sayaka is the best singer in the chorus club.
*Sayaka sings the best in ～. でも OK

10. I like curry the best.
同じ内容を、視点を変えて I like curry better than any other food. (他のどの料理よりもカレーが好き) と言うこともできるよ。

INPUT

LESSON 47

as tall「同じくらい背が高い」

081

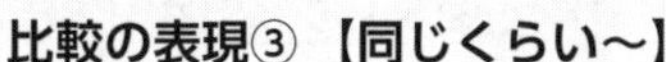

比較の表現③【同じくらい〜】

ここまで「もっと〜だ」と「一番〜だ」の2つの比較の表現を練習してきたね。最後に取り上げるのは、「同じくらい」と言いたいときの形。ポイントは簡単で、形容詞・副詞の前にasを置くだけだよ。as tallで「同じくらい背が高い」、as interestingで「同じくらいおもしろい」。何と比べて同じくらいなのかを言うには、後半でもう一度asを使って、as my father（父と比べて）やas history（歴史と比べて）などと続けるよ。

1. I'm as tall as my father.
2. Today is as hot as yesterday.
3. In Japan, soccer is as popular as baseball.
4. I can swim as well as my brother.
5. Practicing listening is as important as practicing speaking.
6. I'm as good as Tsutomu.
7. The new movie is not as good as the last one.
8. The wrestler isn't as strong as before.
9. I can't run as fast as Satoko.
10. You don't practice as hard as me.

tall → as tall
背が高い 同じくらい背が高い

interesting → as interesting
おもしろい 同じくらい おもしろい

・English is as interesting as history.
同じくらいおもしろい 歴史と比べて

I am as tall
同じくらい背が高い
as my father.
お父さんと比べて

1. 私は同じくらい背が高い 父と比べて
(私は父と同じくらい背が高いです)

2. 今日は同じくらい暑い 昨日と比べて
(今日は昨日と同じくらい暑いです)

3. 日本では、サッカーは同じくらい人気だ 野球と比べて
(日本では、サッカーは野球と同じくらい人気です)

「同じくらい〜だ」
→「…と比べてね」
の流れを意識しよう。
1. は「お父さんに負けないくらい背が高いよ!」ということ。

4. 私は泳げる 同じくらい上手に 兄と比べて
(私は兄と同じくらい上手に泳げます)

5. リスニングを練習することは同じくらい大切だ スピーキングを練習することに比べて (聞く練習は、話す練習と同じくらい大切です)

6. 私は同じくらい上手だ ツトムと比べて
(私はツトムと同じくらい上手です)

7. 新作映画は(×)同じくらい良い 前作と比べて
(新作映画は、前作ほどは良くないです)

8. そのレスラーは(×)同じくらい強い 以前と比べて
(そのレスラーは、以前ほどは強くないです)

as 〜の否定文だよ。
notはうしろの内容を否定するんだったね。
not as 〜で
「同じくらいではない」
→「〜ほどではない」

9. 私はできない 同じくらい速く走る サトコと比べて
(私はサトコほどは速く走れません)

10. あなたは(×)同じくらい熱心に練習する 私と比べて
(あなたは私ほどは熱心に練習しません)

OUTPUT
LESSON 47

「同じくらい背が高い」 as tall

082

比較の表現③ 【同じくらい〜】

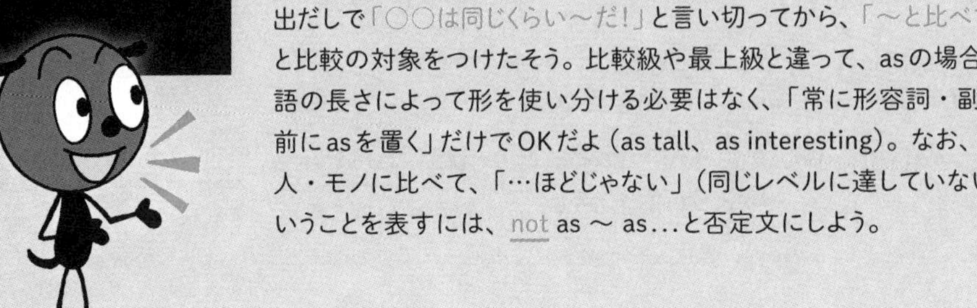

出だしで「○○は同じくらい〜だ!」と言い切ってから、「〜と比べてね」と比較の対象をつけたそう。比較級や最上級と違って、asの場合は単語の長さによって形を使い分ける必要はなく、「常に形容詞・副詞の前にasを置く」だけでOKだよ(as tall、as interesting)。なお、別の人・モノに比べて、「…ほどじゃない」(同じレベルに達していない)ということを表すには、not as 〜 as...と否定文にしよう。

1. 私の姉は、父と同じくらい背が高い。

2. 今日は昨日と同じくらい寒い。

3. アメリカでは、バスケはアメフトと同じくらい人気だ。

4. 彼女はプロと同じくらい上手に歌える。
   *プロ:a professional

5. 書く練習は、読む練習と同じくらい大切だ。
   *書く練習:practicing writing

6. 私は彼と同じくらい強い。
   *強い:strong

7. この本は、あの本ほどはむずかしくはない。

8. そのテニス選手は、以前ほどはうまくない。

9. 私はヒロほど速くは泳げない。

10. あなたは私ほどは熱心に勉強していない。

〜と同じくらい ⇨ as … as 〜

〜ほどじゃない ⇨ not as … as 〜

1. My sister is as tall as my father.

2. Today is as cold as yesterday.

単語の長短に関係なく、いつでもas 〜の形だよ。

3. In America, basketball is as popular as football.

4. She can sing as well as a professional.

5. Practicing writing is as important as practicing reading.

6. I'm as strong as him.

「負けてないよ！」という気持ち。

7. This book is not as difficult as that one.
(isn't)

8. The tennis player isn't as good as before.

isn't/ can'tとまず否定してから、否定したい内容（as 〜）を続けよう。「〜と同じくらいではない」→「〜ほどじゃない」

9. I can't swim as fast as Hiro.

10. You don't study as hard as me.

比較の表現

比較の表現をまとめて練習しよう

Lesson 45から47で学んだ3つの比較の表現をまとめて練習しよう。「もっと〜」（比較級）は 〜er か more 〜、「一番〜」（最上級）は the 〜est か the most 〜という形だったね。また、「同じくらい〜」は as 〜。比較する相手は、than、of (in)、asなどを後半部分につけたそう。その他、like 〜 better [the best]「〜がもっと［一番］好き」も重要だよ。

1. 琵琶湖は日本で一番大きい湖です。
   ＊琵琶湖：Lake Biwa、湖：lake

2. 私は夏よりも冬の方が好き。

3. この写真は、あの写真と同じくらいすてきだね。

4. ユカは私たちのクラスで一番足が速いです。

5. 私は春が一番好きです。

6. 日本で一番有名なサッカー選手は誰？

7. この携帯電話は、この店で一番値段が高いです。
   ＊携帯電話：cellphone、(値段が)高い：expensive

8. もっとゆっくり話していただけますか？

9. 彼は私と同じくらい上手におどれます。

10. このパンケーキ、私の顔よりも大きい！
    ＊パンケーキ：pancake

•もっと～
→～er / more～（「～よりも」は than）
•一番～
→the～est / most～（「～の中で」は of / in～）
•同じくらい～
→as～（「～と比べて」は as～）

1. Lake Biwa is the largest lake in Japan.

2. I like winter better than summer.

3. This picture is as nice as that one.

4. Yuka runs the fastest in our class.
*Yuka is the fastest runner in ～. でも OK

5. I like spring the best.

6. Who is the most famous soccer player in Japan?

7. This cellphone is the most expensive in this store.
*「3つの中で」なら of the three

8. Could you speak more slowly, please?

9. He can dance as well as me.

10. This pancake is bigger than my face!

COLUMN
コラム
No.10

比較の表現

比較の表現を使って、イラストに合うセリフを英語で言ってみよう！

1 かけっこでジョンにボロ負けをしています。「ジョンの方が僕より足が速い」と言いたいときはなんて言う？

答え：John is faster than me. / John runs faster than me.

解説：「速い」の比較級は〈-er〉をつけて faster だね。なお、その差が大きいことを表したいときは、much を使って、John is much faster ～（ジョンの方がはるかに速い）のように言えるよ。

2 地球で一番背が高い動物はキリン。「私が地球で一番背が高い動物です」と言いたいときはなんて言う？

I'm ________________
____
________________.

答え：I'm the tallest animal on earth.

解説：「一番～」なので〈the + 形容詞・副詞 + -est〉（最上級）の形にしよう。「地球で」は on earth。

3 クラスで「好きな季節」のアンケートを行いました。結果は、夏がダントツで一番人気。「私のクラスでは、夏が一番人気の季節です」と言いたいときはなんて言う？

答え：Summer is the most popular season in my class.

解説：「人気のある」は popular で、6 語以上からなる単語なので、最上級を表す場合は〈the + most + 形容詞・副詞〉で表そう。

4 連日の猛暑だけど、今日は昨日より涼しいかな。「今日は昨日ほど暑くないね」と言いたいときはなんて言う？

答え：Today is not as hot as yesterday.

解説：「～ほどじゃない」は〈not as ... as ～〉で表現したね。なお、比較級を使って、「今日は昨日よりも涼しい」Today is cooler than yesterday. という言い方もできるね。

PART 2のまとめ

084

「出だし」＋「つけたし」の総整理

PART 2で練習してきた全ての表現をまとめて確認しよう。習った表現を「出だし部分」と「つけたし部分」にわけて整理したのが右の図だよ。それぞれの意味や使い方をおさらいして、どの英文も「パッと瞬間的に理解できる（=読める・聞ける）」ようになろう。

1. I'll call you later.
2. I'm going to go to a concert tomorrow.
3. What are you going to cook tonight?
4. Hiroko can play the piano well.
5. Can I use your cell phone?
6. I have to finish my homework.
7. You mustn't be late.
8. I visited Osaka to see my grandparents.
9. I'm very happy to hear that.
10. I finished reading the book yesterday.
11. I wanted to be a chef when I was small.
12. I like this song because it makes me happy.
13. I think this ramen shop is the best in our town.
14. There are many interesting books in this bookstore.
15. The new movie isn't as good as the last one.

主語＋動詞（文の出だし） ＋ 情報のつけたし

- 未来の言い方
  be going to～ / will～
- 助動詞
  can～/ have to～/
  must～/ should～

- to～「～するために（の）」「～して」「～すること」
- 接続詞 and/but/that/when/if など
- look busy
  give her a present
  make me happy

1. 私は（約束）あとであなたに電話する（またあとで電話しますね）

2. 私は（する計画）コンサートに行く 明日（私は明日、コンサートに行く予定です）

3. 何をあなたは（する計画）料理する 今夜（今夜は何を作るのですか）

4. ヒロコは（できる）ピアノを弾く 上手に（ヒロコはピアノが上手です）

5. （していい？）あなたの携帯電話を使う（あなたの携帯電話を使ってもいいですか？）

6. 私は（しなければならない）宿題を終える（私は宿題を終えなければなりません）

7. あなたは（絶対にしてはならない）遅刻する（あなたは遅刻してはなりません）

8. 私は大阪を訪れた 祖父母に会うために（私は祖父母に会いに大阪を訪れました）

9. 私はとても嬉しい それを聞いて（それを聞いてとても嬉しいです）

10. 私は終えた その本を読むのを 昨日（私は昨日、その本を読み終えました）

11. 私は欲していた シェフになることを 小さかったとき
（私は小さいとき、シェフになりたかったです）

12. 私はこの曲が好き（なぜなら）私を幸せな気持ちにしてくれるので
（聞くと幸せな気持ちになるので、私はこの曲が好きです）

13. 私は思う（何をかと言うと）これが一番おいしいラーメン店だ 私たちの町で
（私は、このラーメン店が私たちの町で一番おいしいと思います）

14. ある たくさんのおもしろい本が この本屋には
（この本屋には、おもしろい本がたくさんあります）

15. 新作映画は（×）同じくらいよい 前作と比べて
（新作映画は、前作ほどはよくないです）

OUTPUT

Final Test

LESSON 49

PART 2のまとめ

085

「出だし」+「つけたし」の総整理

PART 2で習った様々な表現を正確に「使い分ける」ことを目指そう。文の出だしでは、will/ be going toや、can/ have to/ shouldなどの使い分けがポイント。比較の表現も3つあったね。また、つけたし部分では、to ～の4つの使い方や、接続詞の使い方がポイントだよ。英会話はスピードが大事なので、「パッと英作文できる」ことにこだわって練習を重ねることが大事だよ。コツコツ繰り返して、使える英語をじっくりと身につけていこう。

1. カバン持ってあげるよ。(相手に)
2. 今夜は早く寝ようっと。(ひとりごと)
3. 今週末は何をする予定？(相手に)
4. この単語、読めない。(ひとりごと)
5. あの窓を開けてくれない？
6. 母は、今週末は働かなければならない。
7. 私は今日は宿題をやる必要がない。
8. 姉は勉強しに図書館に行った。
9. それを聞いて、とても驚いています。
10. 私は自分の部屋を片付け終えました。
11. 私は大きくなったらデザイナーになりたい。*grow up(大きくなる)を使おう
12. 花火が見れるので、私は夏が好き。 *花火：fireworks
13. 私は、ヒロシがチームで一番うまい選手だと思います。
14. 私の家の近くにはファーストフード店が一つもありません。
*ファーストフード店：fastfood restaurant
15. 私は田村さん(Mr. Tamura)ほどは上手に歌えない。

英文の基本

幹 / 枝葉

主語＋動詞〜 ＋ 前置詞/接続詞/to〜/-ingなど

(誰がどうする
誰がどうだ)

(どうして？どこで？いつ？何を？)

1. I'll hold your bag.

2. I'm going to go to bed early tonight.

3. What are you going to do this weekend?

4. I can't read this word.

5. Can you open that window? *Will you〜？でもOK

6. My mother has to work this weekend.

7. I don't have to do my homework today.

8. My sister went to the library to study.

9. I'm very suprised to hear that.

10. I finished cleaning my room.

11. I want to be a designer when I grow up.

12. I like summer because I can see fireworks.

13. I think (that) Hiroshi is the best player on (in) the team.

14. There aren't any fastfood restaurants near my home.

15. I can't sing as well as Mr. Tamura.

PART 3

LESSON 50 – LESSON 67

中３英語の文法

Tennis is played

「テニスはプレーされている」

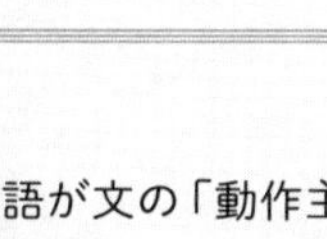

受け身の文

普通の文では、I play tennis. のように、主語が文の「動作主」になるよね（Iがplayする）。今回は、主語が何かを「される（された）」という「受け身の文」を学習するよ。受け身はTennis is played...のように〈be動詞+過去分詞〉の形で表し、「テニスはプレーされている」という意味を表すよ。受け身にすることで、誰がするのか（動作主）を言わずに出来事を説明できるのが特徴なんだ。

1. The classroom is cleaned by students.

2. Baseball is played in many countries.

3. Tofu is made from soybeans.

4. French is spoken in Canada.

5. Edison is known as a great inventor.

6. These cars are made in Italy.

7. These sheets are washed every day.

8. This story was written 500 years ago.

9. Tokyo Skytree was built in 2012.

10. These apples were grown by my grandparents.

主語が何かを「される」⇨ 受け身（be動詞＋過去分詞）

主語　　　過去分詞

This car is made in Japan.（この車は日本で作られている。）
この車 ＝ 作られる

Soccer is played in many countries.（サッカーは多くの国でプレーされている。）
サッカー ＝ プレーされる

! be動詞のあとに過去分詞（「〜される」という意味）を続けよう。

1. 教室はそうじされる 生徒たちによって
（教室は生徒たちによって掃除されています）

主語は、何をされている？

2. 野球はプレーされる 多くの国で
（野球は多くの国でプレーされています）

3. 豆腐は作られる 大豆から
（豆腐は大豆から作られています）

be made from 〜「〜から作られる」

4. フランス語が話される カナダでは
（カナダではフランス語が話されています）

spokenはspeakの過去分詞、knownはknowの過去分詞。
be known as 〜「〜として取られている」

5. エジソンは知られている 偉大な発明家として
（エジソンは偉大な発明家として知られています）

6. これらの車は作られる イタリアで
（これらの車はイタリアで作られています）

7. これらのシーツは洗濯される 毎日
（これらのシーツは毎日洗濯されています）

8. この物語は書かれた 500年前に
（この物語は500年前に書かれたものです）

be動詞がwasなので過去の話だね。

9. 東京スカイツリーは建てられた 2012年に
（東京スカイツリーは2012年に建てられました）

builtはbuildの、grownはgrowの過去分詞。

10. これらのリンゴは育てられた 私の祖父母によって
（これらのリンゴは祖父母によって育てられました）

「テニスはプレーされている」
Tennis is played

087

受け身の文

受け身の文は動詞の部分を〈be動詞+過去分詞〉の形にするよ。Soccer is played in many countries. のように、「出だし」(Soccer is played) から「つけたし」(in many countries) の流れを意識して文を組み立ててみよう。また、それぞれの動詞の過去分詞の形を覚えるのも大事だよ。過去分詞とは、動詞から変化した形のひとつで、過去形と「同じ」場合と、「違う」場合があるんだ。

1. この部屋は、先生たちによって使われている。
*教員室の説明だよ。「〜によって」はby 〜

2. その歌手は世界中で愛されています。
*世界中で：around the world

3. ワインはブドウから作られている。
*ワイン：wine

4. スペイン語は多くの国で話されています。
*スペイン語：Spanish

5. アインシュタイン (Einstein) は偉大な科学者として知られています。
*科学者：scientist

6. ここにはたくさんの英語の本が売られてるよ。
*売る：sell (過去分詞はsold)

7. これらの本はやさしい英語で書かれています。
*やさしい英語で：in easy English

8. この写真は京都で撮られたものだよ。
*旅行の写真を友達に見せてる場面だよ。

9. 東京タワーは1958年に建てられたんだよ。

10. これらのクッキーはユキコによって作られました。

原形(〜する)	過去形(〜した)	過去分詞(〜される)
play	played	played
make	made	made
speak	spoke	spoken
write	wrote	written
take	took	taken

過去形と過去分詞が同じ形(大部分の動詞)

過去分詞が違う(-edで終わらない動詞の一部だけ)

※p.298の一覧も要チェック

1. This room is used by teachers.

2. The singer is loved around the world.

「出だし」→「つけたし」の流れを意識しよう。
・部屋は使われている→先生によって
・歌手は愛されている→世界中で

3. Wine is made from grapes.

4. Spanish is spoken in many countries.

5. Einstein is known as a great scientist.

過去分詞の形に注意。「〜として」はas 〜。

6. Many English books are sold here.

主語が複数なのでare。

7. These books are written in easy English.

8. This picture was taken in Kyoto.

過去の話なのでwas/ wereに。

9. Tokyo Tower was built in 1958.

10. These cookies were made by Yukiko.

ユキコが作ったということなので、普通の文でYukiko made these cookies.とも言えるよ。

INPUT

LESSON 51

Tennis isn't played

「テニスはプレーされていない」

088

受け身の否定文・疑問文

受け身の否定文や疑問文の作り方は、これまでのbe動詞の文と同じ。否定文はbe動詞のあとにnotを置くことで、過去分詞からあとの内容を否定するよ。疑問文はbe動詞を主語の前に出して〈主語+過去分詞〜〉を続けよう。WhereやWhatなどの疑問詞は、必ず文頭に置いたね。

1. This room isn't used anymore.

2. English books aren't sold at this bookstore.

3. This computer isn't made in Japan.

4. I wasn't told about the plan.

5. Is American football played in your country?

6. Is ramen eaten in the U.S.?

7. Are you and Yoko invited to the party?

8. Was this picture taken in Okinawa?

9. Where was the festival held?

10. What language is spoken in Singapore?

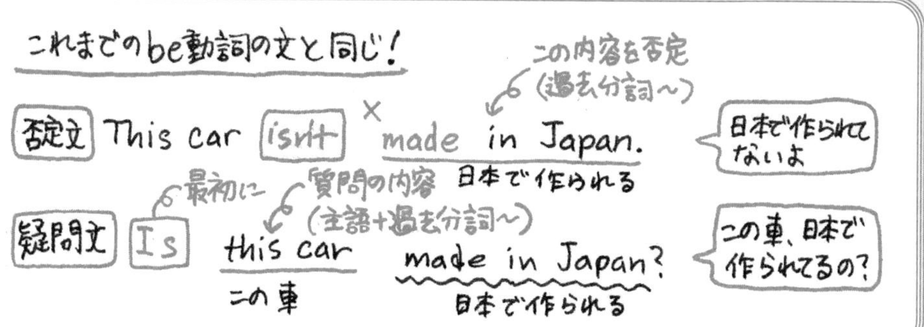

1. この部屋は（×）使われている 今
（この部屋は今はもう使われていません）

2. 英語の本は（×）売られている この本屋に
（英語の本はこの本屋には売られていません）

isn't（aren't）のあと、どんな内容を否定している？ 日本語訳では（×）が否定を表してるよ。1.のanymoreは、否定文で「今はもう（…ない）」。

3. このコンピュータは（×）作られている 日本で
（このコンピュータは日本製ではありません）

4. 私は（×）言われた その計画について
（私はその計画について知らされませんでした）

told は tell（伝える、知らせる）の過去分詞。

5. （質問）アメフトはプレーされる あなたの国で？
（あなたの国ではアメフトはプレーされていますか？）

6. （質問）ラーメンは食べられる アメリカで？
（アメリカではラーメンは食べられていますか？）

eat - ate - eaten

7. （質問）あなたとヨウコは招待されている パーティーに？
（あなたとヨウコはパーティーに招待されていますか？）

8. （質問・過去）この写真は撮られた 沖縄で？
（この写真は沖縄で撮られたものですか？）

Wasなので、過去のことだね。疑問詞は文頭に。

9. どこで お祭りは開催された？
（お祭りはどこで開催されたのですか？）

10. 何語が話されている シンガポールでは？
（シンガポールでは何語が話されているのですか？）

「何語が～？」と主語を尋ねるパターン。What language（主語）のあとは、普通の文の形。

「テニスはプレーされていない」
Tennis isn't played

089

受け身の否定文・疑問文

受け身の否定文と疑問文で大切なポイントは、必ずbe動詞と過去分詞をセットで使うこと。否定文は、be動詞のあとにnotを使うことで「されない（されなかった）」を表すことができたね。be動詞を忘れずにパッと言えるようにしよう。疑問文の場合、普通の文だとdoやdoes、didを使うけど、受け身の疑問文ではあくまでも〈be動詞+主語+過去分詞?〉の形だよ。

1. この机は、今はもう使われていない。

2. この店にはジーパンは売られていない。
*ジーパン：jeans

3. このメニューは英語では書かれていない。
*this menu（このメニュー）を主語にしよう

4. 私たちは、その変更について知らされていなかった。
*「変更」はchange

5. あなたの国では、日本のアニメは見られていますか？
*日本のアニメ：Japanese anime

6. フランスではお寿司は食べられていますか？

7. これらのキャラクターはアメリカで知られていますか？
*キャラクター：character

8. これらの写真は、浦島さん（Mr. Urashima）によって撮られたのですか？

9. コンサートはどこで開催されたの？

10. この本はいつ書かれたものですか？

①be動詞を忘れない
× This car not made in Japan.
○ This car is not (isn't) made in Japan.
②do/does/didは使わない
× Does this car made in Japan?
○ Is this car made in Japan?

！あくまでもbe＋過去分詞のセットで受け身の文になるよ！

1. This desk isn't used anymore.

2. Jeans aren't sold at this shop.

「出だし」→「つけたし」の流れを意識しよう。
・机は使われていない
→今はもう
・ジーパンは売られていない
→この店には

3. This menu isn't written in English.

4. We weren't told about the change.

私たちは知らされなかった
→その変更について

5. Is Japanese anime watched in your country?

6. Is sushi eaten in France?

お寿司は食べられていますか？
→フランスで

7. Are these characters known in the U.S.? (America)

8. Were these pictures taken by Mr. Urashima?

主語（複数）に注意。

9. Where was the concert held?

10. When was this book written?

疑問詞のあとに、
疑問文の形
（過去の話なのでwas）。

OUTPUT
Mini Test
LESSON 52

受け身

090

普通の文と受け身の文を整理しよう

「ゴッホがこの絵を描いた」のように、普通の文は主語が文の「動作主」だけど、受け身の文は「この絵はゴッホによって描かれた」のように、主語が何かを「される」側だよね。否定文や疑問文の作り方も普通の文とはだいぶ違うよ。ここでは「普通の文」と「受け身の文」をミックスした問題に挑戦して、それぞれの形をパッと言えるように練習しよう。

1. 私たちは昨日、サッカーをした。
2. サッカーは世界中でプレーされている。
3. 私の友人はスペイン語を話す。
4. メキシコではスペイン語が話されている。
   *メキシコ：Mexico
5. ユキコがこれらのクッキーを作ったんだよ。
6. これらのクッキーはイタリアで作られたんだよ。
7. ノブがこの本を書いたんだよ。
8. この本は昨年書かれたものだよ。
9. この歌手、知ってる？（相手に）
10. この歌手はアメリカで知られてる？

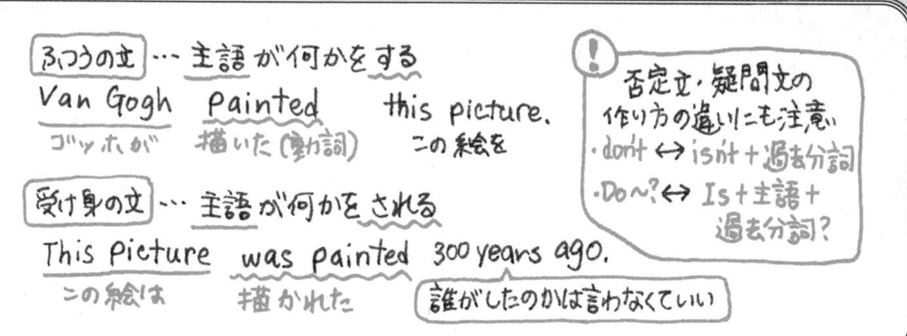

1. We played soccer yesterday.

2. Soccer is played around the world.

3. My friend speaks Spanish.

4. Spanish is spoken in Mexico.

5. Yukiko made these cookies.

6. These cookies were made in Italy.

7. Nobu wrote this book.

8. This book was written last year.

9. Do you know this singer?

10. Is this singer known in the U.S.?

have ~ for three years

「3年間～している」

091

現在完了形①【継続】

今のことを話すときは現在形、過去のことを話すときは過去形を使うよね。今回は、この2つを合体させた「現在完了形」という新しい形を学ぼう。現在完了形は〈have+過去分詞〉で表し、「今までのこと」(過去～現在)を話すときに使うよ。たとえば「千葉に5年間住んでいる」と言いたい場合。現在だけじゃなく、5年前から今までずっと住んでいる訳だよね。継続して住んできたことを表すために、I have lived in Chiba for 5 years.と言うんだ。

1. I have lived in Osaka for ten years.

2. I've studied English since fourth grade.
   * I have → I've

3. Mr. Kato has taught at this school for over 20 years.

4. I've been sick since Saturday.

5. The shop has been closed since last week.

6. I haven't eaten anything since this morning.
   * have not → haven't (否定文)

7. I haven't seen Hiroshi for a while.

8. Have you lived here for a long time?
   *疑問文

9. Have you been busy these days?

10. How long have you known Satoshi?

現在完了形① 状態の継続

今、どんな状態？ どのくらい長く？ もう5年間住んでるよ

I have lived in Chiba for 5 years.
住んできた 5年間

have＋過去分詞で「今までずっと～している、～してきた」
後半にその期間の長さを言うことが多いよ

1. 私は（今までずっと）住んできた 大阪に 10年間（私は10年間大阪に住んでいます）

2. 私は（今までずっと）勉強してきた 英語を 4年生から（私は4年生の頃から英語を勉強しています）

何を、どのくらい続けている状態？
・大阪に住んでいる→10年間
・英語を勉強している→4年生から

3. 加藤先生は（今までずっと）教えてきた この学校で 20年以上
（加藤先生は20年以上この学校で教えています）

4. 私は（今までずっと）具合が悪い 土曜日から
（私は土曜日から具合が悪いです）

5. そのお店は（今までずっと）閉まっている 先週から
（そのお店は先週から閉まっています）

beenはbe動詞の過去分詞。主語が三人称単数のときはhas。

6. 私は（今までずっとしていない）食べる 何か 朝から
（私は朝から何も食べていません）

7. 私は（今までずっとしていない）会う ヒロシに しばらく
（私はしばらくヒロシに会っていません）

否定文は、have not（haven't）～。何をずっとしていない？（notが直後の内容を否定）

8. （質問・今までずっと）あなたは住んでいる ここに 長い間？
（あなたはもう長い間ここに住んでいるのですか → 住み始めて長いのですか）

9. （質問・今までずっと）あなたは忙しい 最近？
（あなたは最近忙しいですか）

Haveで始めると疑問文に（そのあとに質問内容「主語＋過去分詞～」）

10. どのくらい長く あなたは知っている サトシのことを？
（あなたはどのくらい長くサトシを知っているのですか → いつから知り合いですか）

「3年間〜している」
have 〜 for three years

092

現在完了形①【継続】

現在完了形を使って、「(今までずっと) 〜している」という継続を表す文を作ろう。普通の文は〈have+過去分詞〉、否定文はhaveにnotをつけるよ。疑問文はHaveで始めて、主語+過去分詞の形で質問内容を続けよう。右の注意点にも気をつけてパッと言えるように挑戦しよう。

1. 私は8年間、埼玉に住んでいます。

2. 私は1年生の頃からピアノを弾いてるんだ。

3. 私のお父さんは15年以上、その会社で働いています。

4. ユキコは火曜日から具合が悪いです。

5. 私の祖父母は結婚して50年です。
*be married (結婚生活を送る) を使って表そう (「50年間、結婚生活を送っている」)

6. 昨晩から何も食べてないんだ。(自分のこと)

7. しばらくバイオリンを練習してないなぁ。(自分のこと)
*しばらく:for a while

8. あなたは長い間、千葉に住んでいるのですか?
*「住み始めて長いのですか?」ということ。「長い間」はfor a long time

9. 最近、どう?(元気にしてた?)
*How are you? を現在完了形の文にしよう。How have 〜?

10. バイオリンはどのくらい長く弾いてるの?(相手に)

(ずっと)〜している have〜
(ずっと)〜していない haven't〜
(ずっと)〜していますか? Have 主語〜?
合図 質問内容
〜には過去分詞
どのくらい長く〜していますか?
How long have 主語〜?

注意点
I have〜. → She has〜.
be動詞は I have been〜.
期間の長さを表す for と since
for 5 years 5年間
since 2014 2014年から

1. I've lived in Saitama for eight years.
(I have)

住んでいるのは今だけじゃなくて、「8年前から今までずっと」だね。この継続をhave livedの形で表そう。

2. I've played the piano since first grade.
(I have)

3. My father has worked at the company for over 15 years.

4. Yukiko has been sick since Tuesday.

5. My grandparents have been married for 50 years.

6. I haven't eaten anything since last night.

否定文で「何も」はanything。

7. I haven't practiced the violin for a while.

練習していないのは今だけじゃなく、「しばらく」(過去から今まで続いているので、現在完了形haven't 〜)。

8. Have you lived in Chiba for a long time?

9. How have you been?

久しぶりに会った人へのあいさつで使うよ。「最後に会ったときから今まで」のことを聞いてるんだ。

10. How long have you played the violin?

INPUT LESSON 54

have ~ twice「2回～したことがある」

093

現在完了形②【経験】

現在完了形は、「今までのこと」を話すときに使う形だったね。前回習った“継続”の使い方の他、「今までに～したことがある」という経験を伝える言い方もあるよ。「(今まで) この本を読んだことがある」はI have read this book.。「3回」読んだことがあると具体的な回数を言いたいときは、後半にthree timesをつけたすよ。反対に、全く経験がない場合はhaveのあとにneverを置くことで「一度もしたことがない」ことを表せるんだ。

1. I've seen this movie four times.

2. We have moved five times.

3. I've been to Tokyo Disneyland twice.

4. I've read this book before.

5. My sister has been to Canada once.

6. I've never been abroad.

7. I've never talked to Mr. Jones.

8. Ms. Carol has never seen sumo.

9. Have you ever eaten sushi?

10. Have you ever been to Yokohama?

現在完了形② 経験の有無・回数

今、どんな状態？　何回？

この本、もう3回も読んだよ

I have read this book three times.

読んだことがある　3回

! have + 過去分詞で「(今まで)〜したことがある」後半にその回数を言うことができるよ

1. 私は (今まで) 見たことがある この映画を 4回
(私は今までにこの映画を4回見たことがあります)

2. 私たちは (今まで) 引っ越したことがある 5回
(私たち今までに5回引っ越しました)

何を、何回したことがある状態？
・この映画を見た →4回
・引っ越した → 5回

3. 私は (今まで) 行ったことがある ディズニーランドに 2回
(私は今までに2回ディズニーランドに行ったことがあります)

have been to 〜で「〜に行ったことがある」

4. 私は (今まで) 読んだことがある この本を 以前
(私は以前、この本を読んだことがあります)

5. 私の姉は (今まで) 行ったことがある カナダに 1回
(私の姉はカナダに1回行ったことがあります)

once「1回」

6. 私は (今まで一度もない) 行った 海外に
(私は今までに一度も海外に行ったことがありません)

全く経験がない場合(一度も〜したことがない)は have never 〜。abroad は「海外に」。

7. 私は (今まで一度もない) 話した ジョーンズ先生と
(私は今まで一度もジョーンズ先生と話したことがありません)

8. キャロル先生は (今まで一度もない) 見た 相撲を
(キャロル先生は今まで一度も相撲を見たことがありません)

9. (質問) あなたは今まで食べたことがある 寿司を？
(あなたは今までお寿司を食べたことがありますか？)

10. (質問) あなたは今まで行ったことがある 横浜に？
(あなたは今まで横浜に行ったことがありますか？)

疑問文ではよくeverを使うよ。Have you ever 〜？で「(いつでもいいので)今までに〜したことがある？」

「2回～したことがある」
have ～ twice

現在完了形②【経験】

「(今まで) ～したことがある」を〈have+過去分詞〉を使って言う練習をしよう。「一度もしたことがない」ことにはhave never+過去分詞、「～に行ったことがある」はhave been to ～など、使い分けにも注意してね。経験があるかを聞きたいときは、Have you ever ～？だね。また、右のよく使う表現で特に気をつけたいのは、「1回」「2回」。one time、two timesではなく、once、twiceだよ。

1. 私は (今まで) 100回以上、この曲を聞いたよ。
*～以上：over ～

2. 私は (今まで) 3回転校してるんだ。
*転校する：change schools

3. 私は (今まで) 上野動物園に1回行ったことがあります。
*上野動物園：Ueno Zoo

4. この映画、前に見たことがある。

5. 私の父は (今まで) イタリアに1回行ったことがあります。

6. 私の姉と私は、(今まで) 一度も海外に行ったことがありません。

7. 私は (今まで) 一度も歌舞伎を見たことがない。
*歌舞伎：kabuki

8. スミス先生 (Mr. Smith) は (今まで) 一度もそばを食べたことがありません。 *そば：soba

9. 今まで、キャンプに行ったことある？ (相手に)
*キャンプに行く：go camping

10. 今まで、博多に行ったことある？ (相手に)

(今までに)〜したことがある have〜
(今までに)〜したことがない have never〜
(一度もない)
(今までに)〜したことがありますか?
Have you ever 〜?
(今までに)

よく使う表現
1回 once
2回 twice
3回 three times
4回 four times
〜に行ったことがある
have been to〜

1. I've listened to this song over 100 times.

2. I've changed schools three times.

「出だし」→「つけたし」
・私は(今まで)この曲を聞いた →100回以上
・私は(今まで)転校した →3回

3. I've been to Ueno Zoo once.

beenを使うことに注意。また、「1回」はonce。

4. I've seen this movie before.

5. My father has been to Italy once.

「2回」ならtwice。

6. My sister and I have never been abroad.

7. I've never seen kabuki.

一度もしたことがない(全く経験がない)ことは、have never 〜。
×been to abroad

8. Mr. Smith has never eaten soba.

9. Have you ever gone camping?

goの過去分詞はgone。

10. Have you ever been to Hakata?

行った「回数」を聞きたかったら、How many times have you been to 〜?のように言えるよ。

INPUT
LESSON 55

have already ～「もうすでに～した」

095

現在完了形③【完了】

「(今までに) もう～した」「(今) ～したところだ」と言いたいときにも現在完了形が使えるよ。現在完了形は、過去形と現在形が合体したような表現だと前に説明したね。ただの過去形と違って、現在完了形は、過去からつながっている「今」の状態を伝えているのがポイントだよ（→「今までずっと～してきた」「今まで～回経験した」)。今回も同じで、I have finished my homework. と言えば「今、私は宿題を終えた状態だ」（→もう終わった）という意味になるんだ。

1. I've already finished my homework.

2. I've already eaten lunch.

3. I've just arrived at the station.

4. The train has just left.

5. I haven't done my homework yet.

6. My father hasn't come home yet.

7. Our team hasn't lost a game yet this season.

8. Have you seen this movie yet?

9. Have Yuka and Eriko come yet?

10. Has the festival started yet?

現在完了③ 完了（最近の出来事）

今、どんな状態？

宿題はもう終わったよ

I have already finished my homework.
もうすでに終えた

❗ have＋過去分詞で「（今までに）もう～した」「（今）ちょうど～したところ」
already「もうすでに」や just「ちょうど」を挟むことが多いよ

1. 私は（今までに）すでに終えた 宿題を
（私はすでに宿題が終わっています）

2. 私は（今までに）すでに食べた 昼ご飯を
（私はすでにお昼ご飯を済ませています）

3. 私は（今）ちょうど到着した 駅に
（私はちょうど駅に到着したところです）

何をし終えた状態？
・もう昼ご飯を食べた
・もう駅に着いた
alreadyで「すでに」、justで「ちょうど」と強調できるよ。

4. 電車は（今）ちょうど出発した
（電車はちょうど出発したところです）

5. 私は（今していない状態）やる 宿題を まだ
（私はまだ宿題をしていません）

6. 私の父は（今していない状態）帰る 家に まだ
（私の父はまだ家に帰ってきていません）

haven't ～ yetで「まだ～していない」

7. 私たちのチームは（今していない状態）負ける 試合に まだ 今シーズン
（私たちのチームは、今シーズン、まだ１敗もしていません）

8. （質問・今までに）あなたは見た この映画を もう？
（あなたはもうこの映画を見ましたか？）

9. （質問・今までに）ユカとエリコは来た もう？
（ユカとエリコはもう来ましたか？）

10. （質問・今までに）祭りは始まった もう？
（祭りはもう始まりましたか？）

Have ～ yet?で「（今までに）もう～した？」

OUTPUT LESSON 55

「もうすでに〜した」 have already 〜

096

現在完了形③【完了】

今どのような状態なのかを、現在完了形を使って表そう（「もう〜した」「ちょうど〜したところ」）。already「もう、すでに」とjust「ちょうど」の使い分けには注意してね。否定文は〈haven't＋過去分詞＋yet〉で「まだ〜していない」、疑問文は〈Have＋主語＋過去分詞＋yet?〉で「もう〜した?」を表すことができるよ。

1. その本はすでに読んだよ。（自分のこと）

2. 私は自分の部屋をすでに掃除したよ。

3. ちょうど宿題を終えたところだよ。（自分のこと）

4. ユウジはちょうど出たところだよ。

5. 私はまだテスト勉強をしていない。
   *テスト勉強する：study for the test

6. 荷物はまだ届いてないよ。
   *荷物：the package

7. 私たちのチームは、今シーズン、まだ1勝もしていません。
   *動詞はwin（勝つ）を使おう

8. 新曲はもう聞いた？（相手に）
   *新曲：the new song

9. タロウとフミコからはもう電話あった？
   *call（電話する）を使おう

10. 雨はもうやんだ？

(今)もう〜した　have already〜

(今)ちょうど〜した　have just〜

(今)まだ〜してない　haven't〜 yet

(今)もう〜しましたか？　Have 主語〜yet?

使い分けに注意

already「もう、すでに」
just「ちょうど」

yetは
否定文では「まだ」
疑問文では「もう」

1. I've already read the book.

「もう読んだから、貸してあげるよ」といった場面で使えるね。

2. I've already cleaned my room.

3. I've just finished my homework.

「○○はやったの？！」と親に注意されたときに使えそう（笑）。

4. Yuji has just left.

5. I haven't studied for the test yet.

6. The package hasn't arrived yet.
(come)

yet「まだ」はあとにつけたそう。

7. Our team hasn't won a game yet this season.

Don't give up!（あきらめないで！）と励まそう。

8. Have you listened to the new song yet?

9. Have Taro and Fumiko called yet?

10. Has the rain stopped yet?
*Has it stopped raining yet? でもOK

文末のyetは「まだぁ？」と待ち望む気持ちを表しているよ。

現在完了形

097

現在完了形の文

Lesson 53～55で学習してきた現在完了形のおさらいをしよう。現在完了形は「今までのこと」（過去～現在）を伝えるときに使う形で、①今までずっとしてきたこと（継続）、②今までしたことのあること（経験）、③今、何をした状態か（完了）の3つの使い方があったね。以下ではそれぞれのパターンがミックスされているので、使い分けが身に付いているか確認しながら作文に挑戦しよう。

1. 私は愛媛に4年間住んでいます。
2. 私、この映画を見たことないんだ。
3. 電車はちょうど出たところだよ。
4. 私はもう宿題を終えているよ。
5. 私は今朝から何も食べてない。
6. 今までウナギは食べたことある？（相手に）
   *ウナギ：eel
7. 私は、奈良に一度行ったことがあるよ。
8. どのくらい長くここに勤めているのですか？
9. 私はまだシャワーを浴びていない。
10. 試合はもう始まった？

現在完了形で「今までのこと」を伝える

①(今まで)一定期間続けてきたこと → have ～ for 3 years

② 今までの経験 → have ～ 3 times

③(今までに)もうしたかどうか have never～ / Have you ever～?
一度もない 今までに

→ have already～ / have just～ / haven't ～yet / Have you～yet?
もうすでに ちょうど まだ もう

1. **I've lived in Ehime for four years.**
*今だけじゃなくて「4年前から今まで」ずっと

2. **I've never seen this movie.**
*人生で今までに一度もない

3. **The train has just left.**
*今、ちょうど出発した状態

4. **I've already finished my homework.**
*今までに、すでに終えた状態

5. **I haven't eaten anything since this morning.**
*朝から今まで、何も食べてない

6. **Have you ever eaten *unagi*?**
*人生で今まで、そういう経験はあるか

7. **I've been to Nara once.**
*人生で今までに一度

8. **How long have you worked here?**
*働き始めてから今まで、どのくらい長いか

9. **I haven't taken a shower yet.**
*今、まだ浴びていない状態

10. **Has the game started yet?**
*今までの間にもう始まったか

COLUMN
コラム
No.11

受け身と現在完了形のおさらい

受け身と現在完了形は、過去分詞という新しい動詞の形が出てきたり、日本語にはないような使い分けをするので、「難しい」「苦手」と感じる人は少なくないようだね。

でも、実際はそんなにややこしいことではないので、難しく考える必要はないよ。ここで、それぞれのポイントをおさらいしてみよう。

››› 受け身

受け身は、〈be 動詞＋過去分詞〉という形で表したね。過去分詞は「～られる、～られた」という意味を表すことがわかれば、今まで通り、A is B.「A = B」の感覚で理解できるよ。

Tokyo Skytree was built in 2012.

東京スカイツリー＝作られた

Tofu is made from soybeans.

豆腐＝作られる

〈ワンポイント〉

それぞれを Japan built Tokyo Skytree in 2012. とか、People make tofu from soybeans. のように普通の文の形でも表せるけど、そうすると、「日本が 2012 年に東京スカイツリーを建てた」とか「人々が大豆から豆腐を作る」のように、「誰が」作ったのかを言わなければならず、ちょっと不自然な文になってしまうよね。このようなことから、「誰がしたのか」を特に言う必要のない場合、あるいは言いたくない場合に、受け身が大いに役に立つんだ。

ちなみに、普通の文での「目的語」が、受け身の文の「主語」になるよ。
Japan built Tokyo Skytree in 2012. → Tokyo Skytree was built in 2012.

››› 現在完了形

現在完了形は、〈have ＋過去分詞〉の形で表し、大きく３つの使い方があったね。いずれも「今までのこと」（過去〜現在）を言っている点がポイントだよ。過去形は完全に“終わったこと”を振り返るときに使うのに対して、現在完了形は、過去にしたことを“今の状態”として捉(とら)える点が特徴的だよ。

haveのあと、過去分詞以降の部分で、今どんな状態なのかを読み取ってみよう。

1 I have lived in Nagoya for three years.

３年前から今まで、名古屋に住んできた
（→「今、名古屋に３年住んでいる状態」）

2 I have seen this movie twice.

人生で今まで、この映画を２回見た
（→「今、２回見たことがある状態」）

3 I have already done my homework.

今までに、すでに宿題をやり終えた
（→「今、もう終わっている状態」）

このように、

1 今まで、何をどのくらい長く続けているか（継続）
2 今まで、何をどれだけしたことがあるか（経験）
3 今、何をした状態か（完了）

を表したいときに現在完了形を使うんだ。

*巻末 p.298で重要動詞の過去形と過去分詞を一覧にまとめているので、それぞれの形をしっかり覚えよう。

INPUT LESSON 57

a picture taken in Hawaii
「ハワイで撮られた写真」

098

“分詞”でつけたす

ここからは新しい「つけたし表現」を見ていこう。This is a picture. は「これは写真です」だね。文法的には何の問題もない文だけど、内容としては、説明がちょっと足りないよね。「え、何の写真?」と聞かれてしまいそう。そこで、その説明を過去分詞や動詞のing形を使って補おう。方法はとても簡単で、説明したい名詞(上記ではpicture)の直後にそのまま置くだけでOK。This is a picture taken in Hawaii. で「これはハワイで撮影された写真なんだ」と説明できるよ。

1. This is a picture taken in Hawaii.

2. This is special tea grown in Kyoto.
*grown は grow(育てる、栽培する)の過去分詞

3. I visited a temple built over 1,500 years ago.

4. Cars made in Germany are popular in Japan.

5. *Butadon* is a bowl of rice topped with pork.
*top:トッピングする(topped「トッピングされた」)

6. Who's that woman wearing the black sunglasses?

7. Look at that little bird sleeping in the nest.

8. The library is full of students studying for the test.

9. There are many people waiting in front of the shop.

10. Do you know that man standing by the door?

1. これは写真 ハワイで撮られた
(これはハワイで撮られた写真です)

2. これは特別なお茶 京都で栽培された
(これは京都で栽培された特別なお茶です)

「どんな picture ?」
「どんな tea ?」
名詞直後の説明
(過去分詞〜) に注目しよう。

3. 私は訪れた お寺を 1500年以上前に建てられた
(私は1500年以上前に建てられたお寺を訪れました)

4. 車 ドイツで作られた = 日本で人気
(ドイツで作られた車は日本で人気です)

主語に説明がくっつくことで、"長い主語"になるよ。

5. 豚丼とはご飯のどんぶり 豚肉でトッピングされた
(豚丼とは、豚肉でトッピングされたご飯のどんぶりです)

6. 誰ですか あの女性 黒いサングラスをかけている?
(黒いサングラスをかけているあの女性は誰ですか?)

7. 見て あの小鳥を 巣の中で眠っている
(巣の中で眠っているあの小鳥を見てください)

どの woman のこと?
どの little bird のこと?
〜 ing (〜している) を
つけたして
特定しているよ。

8. 図書館はいっぱい 生徒たちで テスト勉強している
(図書館はテスト勉強している生徒たちでいっぱいです)

9. いる たくさんの人たちが 店の前で待っている
(店の前で待っている人たちがたくさんいます)

10. 知っていますか あの男の人を ドアのそばで立っている?
(ドアのそばで立っているあの男の人を知っていますか?)

「ハワイで撮られた写真」
a picture taken in Hawaii

099

“分詞”でつけたす

「ハワイで撮られた写真」、「ベンチに座っている男性」のように、青文字の説明がそれぞれの名詞にかかっている点を確認しながら「過去分詞」か「動詞のing形」を使って作文しよう。「～られた」というときは過去分詞、「～している」というときは動詞のing形を使うよ。なお、「～している」を表す動詞のing形は、「現在分詞」と呼ぶことがあるよ。つまり、過去分詞と現在分詞（～ing）で同じ“分詞”の仲間なんだ。

1. これはイタリアで作られた車だよ。

2. これは秋田で栽培された特別なお米なんだ。

3. 私は太宰治（Dazai Osamu）によって書かれた本を読みました。

4. この店で売られている服、すてきだね。
*服：the clothes

5. 牛丼とは、牛肉がトッピングされたご飯のどんぶりです。
*牛肉：beef

6. ベンチに座っているあの男性は誰？

7. バナナを食べているあのゴリラを見て。

8. カフェは、昼ご飯を食べている人たちでいっぱいです。
*～でいっぱい：full of ～

9. 公園でジョギングしている人たちがたくさんいます。
*ジョギングをする：jog

10. タケシと話しているあの女の子、知ってる？

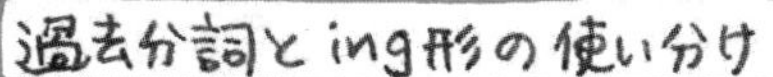

~られた名詞
⇨名詞+過去分詞~
(~された)
ドイツで作られた車
a car made in Germany

! 名詞が~されている(受け身)

~している名詞
⇨名詞+ing形~
(~している)
本を読んでいる男性
a man reading a book

! 名詞が~している

1. This is a car made in Italy.

2. This is special rice grown in Akita.

「どんな車?」
「どんな特別なお米?」
名詞を言ってから
説明を加えよう。
special rice →(どんな?)
→ grown in Akita

3. I read a book written by Dazai Osamu.

4. The clothes sold at this shop are nice.

主語に説明をつけたした形
(“長い主語”)

5. *Gyudon* is a bowl of rice topped with beef.

6. Who's that man sitting on the bench?

どの男性のこと?
~ingで特定しよう。

7. Look at that gorilla eating a banana.

8. The cafe is full of people eating lunch.

9. There are many people jogging in the park.

どんな人たち?
(何をしているところ?)
~ingで説明しよう。

10. Do you know that girl talking with Takeshi?

a picture that I took in Hawaii
「私がハワイで撮った写真」

“関係代名詞” でつけたす ①【主語＋動詞～】

名詞のうしろに〈主語+動詞～〉を続けて名詞を説明することもできるよ。a picture that I took in Italyは「私がイタリアで撮った写真」。「写真」がどんなかと言うと、それは「私が撮った、イタリアで」とあとからつけたして説明してるんだ。名詞の直後にあるthatは、説明をつけたすときのつなぎの言葉だよ（関係代名詞）。“このあと名詞の説明が来ますよ”という合図。うしろに続く説明（主語＋動詞～）をしっかりキャッチしよう。

1. These are pictures that [which] I took in Hawaii.
2. Show me the shoes that [which] you bought.
3. The movie that [which] we watched yesterday was good.
4. The cookies that [which] you made were delicious.
5. This is a watch that [which] my grandfather gave me.
6. The racket that [which] I'm using now is too old.
7. There are many things that [which] I have to do today.
8. I'll give you anything that [which] you want.
9. Yuko is a person who [that] I trust.
10. The people who [that] I met in Okinawa were very kind.

名詞を説明②

名詞

This is a picture ← that I took in Italy.
写真 (どんなかと言うとそれを) 私は撮った

主語＋動詞～

これ、私がイタリアで撮った写真だよ

that(which)は名詞に説明をつけたしたいときのつなぎの言葉。
うしろに主語＋動詞の形が続くのがポイントだよ！

1. これらは写真 私がハワイで撮った
(これは私がハワイで撮った写真です)

2. 見せて 靴を あなたが買った
(あなたが買った靴を見せてください)

thatはつなぎの語。
「どんなpictures？」「どのshoes？」
続く説明（主語+動詞～）に
注目しよう。
*thatの代わりにwhichも使えるよ。

3. 映画 私たちが昨日見た ＝ よかった
(私たちが昨日見た映画はよかった)

4. クッキー あなたが作った ＝ とてもおいしかった
(あなたが作ったクッキーはとてもおいしかったです)

主語に説明が
くっつくパターン
（長い主語）。

5. これは時計 祖父が私にくれた
(これは、祖父が私にくれた時計です)

6. ラケット 私が今使っている ＝ 古すぎる
(私が今使っているラケットは古すぎます)

どのラケットのこと？
→ 続きの説明によって
「私が今使ってるやつ」と
特定されるよ。

7. たくさんのことがある 私が今日やらなければならない
(私は今日、やらなければならないことがたくさんあります)

8. あなたにあげる 何でも あなたが欲しいもの
(あなたが欲しいもの何でもあげますよ)

9. ユウコは人 私が信頼する
(ユウコは私が信頼する人です)

「どんな人？」
人について説明するときは
who をよく使うよ。

10. 人々 私が沖縄で出会った ＝ とても親切だった
(私が沖縄で出会った人々はとても親切でした)

長い主語

OUTPUT LESSON 58

「私がハワイで撮った写真」
a picture that I took in Hawaii

101

“関係代名詞” でつけたす ①【主語＋動詞〜】

関係代名詞を使って名詞に説明をつけたす練習をしよう。名詞が「物」の場合はthatが、「人」の場合はwhoがよく使われるよ。ただし、that, which, whoはあくまでもつなぎの言葉なので、実は省略することも可能なんだ（実際、会話ではよく省略されるよ）。6.〜10.の英文では、省略した形で載せているよ。

1. これらは私がトモコと一緒に作ったクッキーだよ。

2. あなたが沖縄で撮った写真、見せてよ。

3. 昨日私が食べたピザはおいしかった。

4. 私のお母さんが作るカレーはとてもおいしい。

5. これは私の叔母が私にくれたネックレスです。
   *ネックレス：necklace、叔母：aunt

6. 私が今はいている靴は小さすぎる。

7. 今日終えなければならないことがたくさんある。

8. 私がほしいもの、何でも買ってもいいの？

9. ケンジは私が尊敬する人です。
   *尊敬する：respect

10. 私がオーストラリアで出会った人々はとてもフレンドリーでした。
    *フレンドリー（気さくな）：friendly

関係代名詞の使い分け

thatはどちらも使える！

・「物」の場合は thatがよく使われる（whichも可）
・「人」の場合は whoがよく使われる（thatも可）

また、⇩ 実は…

This is a picture ~~that~~ I took in Italy.

↑省略も可！

！ thatやwhoはただのつなぎなので、なくても意味は通じる。

1. **These are cookies** that [which] I made with Tomoko.

2. **Show me the pictures** that [which] you took in Okinawa.

「どんなクッキー？」「どの写真？」that（which）のあとに主語+動詞～を続けて説明しよう。

3. **The pizza** that [which] I ate yesterday **was good.**

4. **The curry** that [which] my mother makes **is delicious.**

主語に説明をくっつけた形（“長い主語”）。

5. **This is a necklace** that [which] my aunt gave me.

6. **The shoes** I'm wearing now **are too small.**

どの靴のこと？

7. **There are many things** I have to finish today.

8. **Can I buy anything** I want?

「何でも」anything

9. **Kenji is a person** I respect.

a person (who) I respect「私が尊敬する人」

10. **The people** I met in Australia **were very friendly.**

the bus that goes to Shinjuku

「新宿行きのバス」

“関係代名詞”でつけたす ②【動詞～】

前回は関係代名詞のあとに〈主語+動詞～〉をつけたすパターンを学習したよね。実は、他にいきなり動詞を続ける形もあるよ。たとえば、「京都に行く電車」はthe train that goes to Kyoto。the trainに対して、つなぎの言葉thatを置いたあとにgoes to Kyotoと〈動詞～〉で説明をつけたしているよ。

1. This is a movie that [which] changed my life.
2. This is a song that [which] became very popular in the 1990s.
3. Which is the bus that [which] goes to Shinjuku?
4. I bought a t-shirt that [which] was on sale.
5. Where is the ice cream that [which] was in the freezer?
6. The chorus club is for people who like singing.
7. I have a friend who plays the guitar very well.
8. I like people who smile a lot.
9. I have a grandfather who can speak three languages.
10. An “early bird” is a person who wakes up early.

名詞を説明③

名詞　動詞〜

This is the train that goes to Kyoto.
電車（どんなかと言うとそれは）行く　京都に

京都行きの電車です

! thatのあとにいきなり動詞を続けることもできるよ。この場合、trainがgoes to Kyotoということ。

1. これは映画 私の人生を変えた
(これは私の人生を変えた映画です)

2. これは歌 とても人気が出た 1990年代に
(これは1990年代にとても人気が出た歌です)

3. どれがバスですか 新宿に行く？
(どれが新宿行きのバスですか？)

thatはつなぎの語。
「どんなmovie？」「どんなsong？」
続く説明（動詞〜）に注目しよう。
・(そのmovieは)
changed my life した
・(そのsongは) became very popular in . . . だった

4. 私は買ったTシャツを セールになっていた
(私はセールになっていたTシャツを買った)

5. どこですか アイスは 冷凍庫に入っていた？
(冷凍庫に入っていたアイスはどこですか？)

be動詞が続くパターン。
・(t-shirtが)
was on sale
・(ice creamが)
was in the freezer

6. コーラス部の対象は人 歌うことが好き
(コーラス部は、歌うことが好きな人のための部です)

7. 私はいる 友人が ギターをとても上手に弾く
(私にはギターがとても上手な友人がいる)

「どんな人？」
whoでつないでるよ。
・(そのpeopleは) like singing
・(そのfriendは)
plays the guitar very well

8. 私は好き 人が よく笑う
(私はよく笑う人が好きです)

9. 私はいる 祖父が 3ヵ国語話せる
(私には3ヵ国語話せる祖父がいます)

10. early birdとは人 早起きをする
(early birdとは、早起きをする人のことです)

OUTPUT

LESSON 59

「新宿行きのバス」
the bus that goes to Shinjuku

103

"関係代名詞" でつけたす ②【動詞〜】

関係代名詞の直後に〈主語+動詞〜〉をつけたす場合、関係代名詞は省略してもOKだったよね（Lesson 58 Output）。だけど、主語を置かずにいきなり〈動詞〜〉を置いて説明するときには、〈名詞＋説明〉という構造がちゃんとわかるように、必ずthatを入れなくちゃいけないんだ（右で詳しくチェック）。また、この場合は、説明したい名詞に合わせて動詞の形も変えるようにしよう（三人称単数や複数の場合など）。

1. これは世界を変えたスピーチです。

2. これは数年前にとても人気が出たマンガだよ。

3. これが名古屋行きのバスですか？

4. 私はセールになっていた帽子を買った。

5. 冷蔵庫に入っていたケーキはどこ？
*冷蔵庫：refrigerator

6. 美術部は、絵を描くことが好きな人のための部です。
*美術部：the art club

7. サッカーがすごくうまい友達がいるんだ。（自分の友人を紹介して）

8. 私はやさしくておもしろい人が好き。
*andを使って表そう。「おもしろい」（おかしい）はfunny

9. 私には、100ヶ国以上に行ったことのある叔父がいます。
*「〜したことがある」（経験）と言っている点に注意しよう

10. chefとは、料理をする人のことです。

「京都行きの電車」

× the train goes to Kyoto

○ the train that goes to Kyoto

(!) これだとgoes to Kyotoが the train(名詞)の説明だとわからないんだ。「その電車は京都に行きます」という1つの文に見えるよね。

「どんなかと言うとそれは…」というつなぎを入れることでgoes to Kyotoがtrainの説明だとわかるよ！

1. This is a speech that changed the world.

2. This is a manga that became very popular a few years ago.

「どんなスピーチ？」
「どんなマンガ？」
that/ whoのあとに
動詞〜を続けて説明しよう。

3. Is this the bus that goes to Nagoya?

三人称単数
busに合わせてgoesに。
（busが）goes to Nagoya。

4. I bought a hat that was on sale.

5. Where is the cake that was in the refrigerator?

be動詞を
忘れないように。

6. The art club is for people who like drawing.

7. I have a friend who plays soccer very well.
*who is very good at soccer でも OK

8. I like people who are kind and funny.

kindやfunnyは
形容詞なので、前にbe動詞
を置く。peopleは複数なので、
areだね。（peopleが）
are kind。

9. I have an uncle who has been to over 100 countries.

10. A chef is a person who cooks food.

「〜に行ったことがある」は
have been to 〜だったね。

OUTPUT
Mini Test
LESSON 60

後置修飾

104

後置修飾

Lesson 57～59では、名詞に説明をつけたす方法を大きく2つ見てきたよ。「分詞」を使ったつけたしと、「関係代名詞」を使ったつけたし。右の図でそれぞれのパターンを確認しよう。なお、〈名詞+説明〉は1つの長い名詞のカタマリとして捉えよう。「ノブによって書かれた本」a book written by Nobu、「私の人生を変えた映画」a movie that changed my life。英語を話すときは、こうした長い名詞のカタマリをパッと作れることがすごく大事だよ。

1. これは大阪で撮られた写真だよ。
2. 私が昨日読んだ本はおもしろかった（興味深かった）。
3. 赤い帽子をかぶっているあの男性は誰？
4. 日本で作られた車は、アメリカで人気なんだよ。
5. これが横浜行きの電車だよ。
6. テーブルの上にあったクッキーはどこ？
7. 私がカナダで出会った人々はとてもやさしかったです。
8. 図書館には勉強している人たちがたくさんいます。
9. これは昨年とても人気が出た曲です。
10. これはおばあちゃんが私にくれたブレスレットです。
*ブレスレット：bracelet

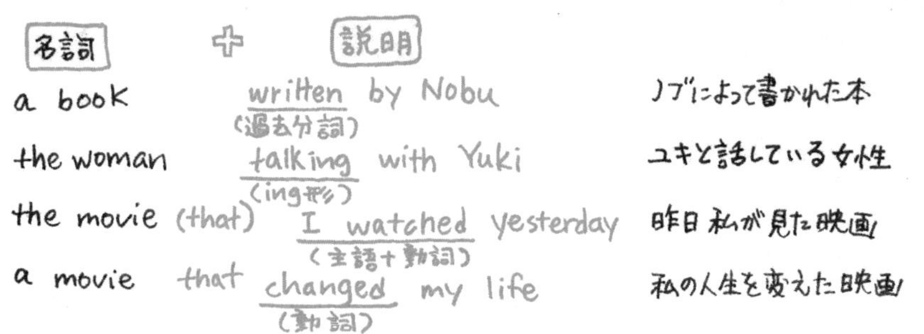

名詞
+
説明
a book
written by Nobu
(過去分詞)
ノブによって書かれた本
the woman
talking with Yuki
(ing形)
ユキと話している女性
the movie (that)
I watched yesterday
(主語+動詞)
昨日私が見た映画
a movie that
changed my life
(動詞)
私の人生を変えた映画

1. This is a picture taken in Osaka.

2. The book (that) I read yesterday was interesting.

3. Who's that man wearing the red hat?

4. Cars made in Japan are popular in America.

5. This is the train that goes to Yokohama.

6. Where is the cookie that was on the table?

7. The people (who) I met in Canada were very kind.

8. There are many people studying in the library.

9. This is a song that became very popular last year.

10. This is a bracelet (that) my grandmother gave me.

COLUMN
コラム
No.12

関係代名詞をマスターしよう

日本語と違って、英語では名詞を言ったあとに、「どんな人？」「どんなモノ？」と具体的にその説明をしていくのが基本だね。おさらいにもう一度、〈名詞＋説明〉の言葉の順番をしっかり意識して、英文を読んだり作ったりしてみよう。

□ the book **on the desk**　机の上にある本

□ people **studying in the library**　図書館で勉強している人々

□ a song **that became very popular in the 1990s**
1990年代にとても人気が出た曲

□ the cake **that was in the refrigerator**
冷蔵庫に入っていたケーキ

上記はいずれも〈名詞＋説明〉で、「1つの長い名詞のカタマリ」と考えることができるよ。こうした長い名詞にパッと気づけるか、また自分で作文できるかが、英語を使いこなすための大きなポイントなんだ。

なお、こうして後ろから名詞を説明（修飾）することを「後置修飾」と言って、日常の会話はもちろんのこと、教科書・英検・英字新聞などの長文でもよく使われるよ。

サンプルを参考に、〈名詞＋説明〉のカタマリを読み取る練習をしてみよう。

〈サンプル 1〉 英検準2級 2018年 第1回 "Online Mapmaking" より

In the past, most people owned paper maps. They used these to find the places that they wanted to go to.

*own：持っている、所有する

和訳：昔は、ほとんどの人は紙の地図を持っていました。人々は、行きたい場所を探すために紙の地図を使いました。

Other people made maps that showed where all the public toilets were in a city. These maps helped people find things that they wanted.

*show：示す / where ～ were：～がどこにあるか / public toilets：公衆トイレ

和訳：ほかの人は、すべての公衆トイレが街のどこにあるのかを示した地図を作りました。このような地図は、人々が求めているものを探し出すのに役立ちました。

〈サンプル 2〉 英検準2級 2018年 第1回 "The History of a Doll" より

In Russia, there are sets of dolls called matryoshka.

*sets of dolls：人形のセット

和訳：ロシアには、マトリョーシカと呼ばれる人形セットがあります。

For nearly 1,000 years, the Chinese have made wood boxes that fit inside each other.

*nearly：約 / fit inside ～：～の中に収まる

和訳：千年近くもの間、中国人は、互いにぴったり中に収まる木箱を作ってきました。

INPUT

LESSON 61

tell A to B「AにBするように言う」

105

to～の発展①【tell 人 to～】

PART 2（中2英語）では、「～するために（の）」「～して」「～すること」という意味のto～の使い方を学習したのを覚えているかな。行動の目的や気持ちの原因など、説明をつけたすのにとても便利な言葉だったね。今回は、tell A to Bというto～の発展表現を学習するよ。「A（人）に対してB（行動）するように求める」という内容を表す表現で、tell、ask、wantがよくこの形で使われるよ。まず右で使い方を確認しよう。

1. I told Ken to come at three.

2. I asked Yuka to close the window.

3. I want you to be happy.

4. I don't want this drama to end.

5. Do you want me to hold your bag?

6. Ms. Ellen told us to speak in English.

7. Ms. Ellen told us not to speak in Japanese.

8. Taku asked me to help.

9. Could you tell him to call me back?

10. Our coach wants us to practice hard.

誰に(が)？　何をするように？

I told ken to come at one.
言った　ケンに　1時に来るように

I asked him to help me.
聞いた　彼に　私を手伝ってくれるように
(→お願いした)

to～の部分で何をしてほしいかを読みとろう。

1. 私は言った ケンに 3時に来るように
(私は、ケンに3時に来るように言いました)

2. 私はお願いした ユカに 窓を閉めるように
(私は、ユカに窓を閉めるようにお願いしました)

tell A to B
「AにBするように言う」
ask A to B
「AにBするようにお願いする」

3. 私は欲している あなたが 幸せでいることを
(私は、あなたに幸せでいてほしい)

4. 私は欲していない このドラマが 終わってしまうことを (私は、このドラマが終わってほしくない)

want A to Bで
「AがBすることを欲する」
→「AにBしてほしい」

5. あなたは欲していますか 私が あなたのバッグを持つことを？
(私にバッグを持ってほしいですか？ → バッグを持ちましょうか？)

Do you want me to ～？
で「～してほしい？」
(～しようか？)

6. エレン先生は言った 私たちに 英語で話すように
(エレン先生は、私たちに英語で話すように言いました)

7. エレン先生は言った 私たちに 日本語で話さないように
(エレン先生は、私たちに日本語で話さないようにと言いました)

not to ～だと
「～しないように」

8. タクは頼んだ 私に 手伝うように
(タクは、私に手伝ってほしいと頼んできました)

9. 伝えていただけますか 彼に 私にかけ直すように？
(私にかけ直すようにと、彼に伝えていただけますか？)

伝言をお願いするときに。

10. 私たちのコーチは欲している 私たちが 一生懸命練習することを
(私たちのコーチは、私たちに一生懸命練習してほしいと思っています)

OUTPUT
LESSON 61

「AにBするように言う」 tell A to B

106

to〜の発展①【tell 人 to〜】

〈主語+動詞〉を組み立てたあとに、①誰に②何をしてほしいかを続けよう。たとえば、I told Erika to come at five. では、I told「私は言った」のあとで、(誰に、何をしてほしいかと言うと) Erika to come at five「エリカに5時に来るように」と続けるよ。Erikaにcome at fiveしてほしい、ということだね。

1. 私は、エリカに5時に来るように言った。

2. 私は、佐藤先生 (Ms. Sato) に私の英語をチェックするようにお願いした。 *チェックする：check

3. あなたに自分自身を信じてほしい。
*自分自身を信じる：believe in yourself

4. 私は夏が終わってほしくない。

5. サンドイッチを作ろうか？
*「私に作ってほしい？」と希望を尋ねてる場面だよ

6. エレン先生 (Ms. Ellen) は、私たちにたくさん作文するように言った。
*作文する：write

7. エレン先生 (Ms. Ellen) は、私たちに間違いを気にしないようにと言った。 *間違いを気にする：worry about mistakes

8. 私の妹は、私に手伝ってほしいと頼んできました。

9. 私にかけ直すようにと、ユカに伝えていただけますか？
*伝言をお願いしている場面

10. 私のピアノの先生は、私に毎日練習してほしいと思っています。

対象　してほしいこと

Aに Bするように言う（伝える） → tell A to B

Aに Bするようにお願いする → ask A to B

Aに Bしてほしい → want A to B

1. I told Erika to come at five.

2. I asked Ms. Sato to check my English.

何かをお願いするときは「～してくれますか？」のように聞くから、動詞は askを使うよ。

3. I want you to believe in yourself.

4. I don't want summer to end.

～してほしい
→ want A to B
～してほしくない
→ don't want A to B

5. Do you want me to make a sandwich?

6. Ms. Ellen told us to write a lot.

7. Ms. Ellen told us not to worry about mistakes.

tell A not to Bで「AにBしないように言う」

8. My sister asked me to help.

9. Could you tell Yuka to call me back?

Could you ～？でていねいに依頼

10. My piano teacher wants me to practice every day.

INPUT

LESSON 62

It's ... to ～.「～することは…です」

107

to～の発展②【It is ... to ～ / too ... to ～】

もうひとつのto～の発展表現は、「クッキーを作るのは簡単だよ」や「早起きするのはむずかしい」のように、「～するのは…だ」と自分の考えを述べる形。It's easy to make cookies. のように、まず出だしでIt's...（…だ）と考えを言ったあと、to～（～することはね）と中身をつけたすのがポイントだよ。また、今回は関連表現としてtoo A to B（Aすぎて B できない）もあわせてチェックしよう。

1. It's easy to make curry.
2. It's hard to use this computer.
3. It's important to exercise.
4. It's interesting to learn about other countries.
5. It's dangerous to look at your cellphone while walking.
6. It's hard for me to get up early.
7. It's important for us to protect the environment.
8. I'm too tired to study.
9. It's too dark to play outside.
10. He was kind enough to help me.

どう思う？　何をするのが？

It's easy to make cookies.
簡単だ　クッキーを作るのは
（クッキーを作るのは簡単だよ）

It's interesting to visit other countries.
おもしろい　他の国を訪れるのは
（他の国を訪れるのはおもしろいよね）

❗ It's…（…だ）で考えを言ったあと、to～（～することは）と詳しく中身を言うよ。

1. 簡単だ カレーを作ることは
（カレーを作るのは簡単です）

「考え」→「中身」の流れがポイント。

2. むずかしい このコンピューターを使うことは
（このコンピューターを使うのはむずかしいです）

3. 大切だ 運動することは
（運動することは大切です）

4. おもしろい 他の国について学ぶことは
（他の国について学ぶのはおもしろいです）

5. 危険だ 携帯電話を見ることは 歩いている最中に
（歩きながら携帯電話を見るのは危険です）

こうして to ～の内容が長くなることもあるよ。

6. むずかしい 私にとって 早く起きることは
（私にとって、早起きするのは大変なことです）

7. 大切だ 私たちが 環境を守ることは
（私が環境を守ることが大切です）

toの前にfor ～を置くと、「誰の話か」をもっと明確に言えるよ。

8. 私はあまりにも疲れている 勉強するには
（私は疲れすぎていて、勉強できません）

9. あまりにも暗すぎる 外で遊ぶには
（暗すぎて外で遊べません → 外で遊ぶには暗すぎます）

too A to Bで「Aすぎる、Bするには」→「Aすぎて、Bできない」（疲れすぎていて、勉強できない）

10. 彼は十分親切だった 私を助けるのに
（彼は親切にも私を助けてくれました）

was kind enough to ～で「親切にも～してくれた」

OUTPUT LESSON 62

「〜することは…です」 It's … to 〜.

108

to〜の発展②【It is … to 〜 / too … to〜】

出だし（考え）→つけたし（中身）の流れを意識しながら作文してみよう。「考え」の部分にはeasyやimportantなどの形容詞（ときどき名詞）を入れるよ。右によく使う単語を載せたので確認してみてね。また、誰のことを言っているのかをハッキリさせたい場合は、to 〜の前に〈for＋人〉を入れるよ。toのあとの動詞は、必ず原形。

1. ピザを作るのは簡単だよ。

2. この曲を弾くのはむずかしい。

3. 毎日練習するのが大事だよ。

4. 新しいことを学ぶのはおもしろい。
 ＊学ぶ：learn

5. 駅の中で走るのは危険だよ。

6. 私のおばあちゃんにとっては、コンピュータを使うのはむずかしい。

7. チームメイトは互いを助けることが大事だ。
 ＊チームメイト：teammates、互い：each other

8. お腹が空きすぎて勉強できない。

9. テニスをするには風が強すぎるよ。
 ＊風が強い：windy

10. 彼女は親切にも私を助けてくれた。

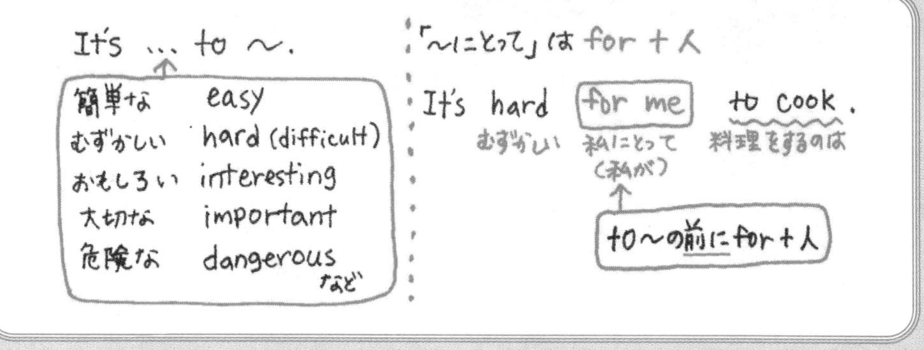

1. It's easy to make pizza.

2. It's hard to play this song.
(difficult)

「出だし」(考え)
→「つけたし」(中身)の
流れを意識しよう。
・簡単だ→ピザを作るのは
・むずかしい→この曲を弾くのは

3. It's important to practice every day.

4. It's interesting to learn new things.

「おもしろい」は
exciting(ワクワク)
でも表せるよ。

5. It's dangerous to run in the station.

6. It's hard for my grandmother to use a computer.
(difficult)

7. It's important for teammates to help each other.

誰の話？
for ～で表そう。

8. I'm too hungry to study.

9. It's too windy to play tennis.

too A to Bで
「Aすぎる、Bするには」
「Aすぎて、Bできない」

10. She was kind enough to help me.

人の親切への
感謝を示したいときの
フレーズ。

OUTPUT
Mini Test
LESSON 63

to～の発展

109

to～の発展表現を整理しよう

〈tell A to B〉と〈It's A to B〉のパターンがミックスされた文を作文してみよう。①誰に②何をしてほしいかという情報が入っていたら〈tell A to B〉のパターン、「～するのは…だ」という形で考えを述べていたら〈It's A to B〉のパターンだよ。また、「…すぎて～できない」は〈too ... to ～〉だね。少しずつ速く作文していけるように、繰り返し声に出して形に慣れよう。

1. 私はヒロコに5時に来るように言った。

2. クッキーを作るのは簡単だよ。

3. 私はジョン（John）に、私の英語をチェックしてくれるように頼んだ。

4. バランスの取れた食事を食べることが大事だ。
   *バランスの取れた食事：a balanced meal

5. 窓を開けようか？
   *「私に開けてほしい？」と表現しよう

6. 新しい場所を訪れるのはワクワクする。
   *ワクワクする：exciting

7. 疲れすぎて歩けない。

8. 彼は親切にも私を助けてくれた。

9. 私はあなたに幸せでいてほしい。

10. 私の先生は、私にスピーチコンテストに出てほしいと思っている。
    *スピーチコンテストに出る：join the speech contest

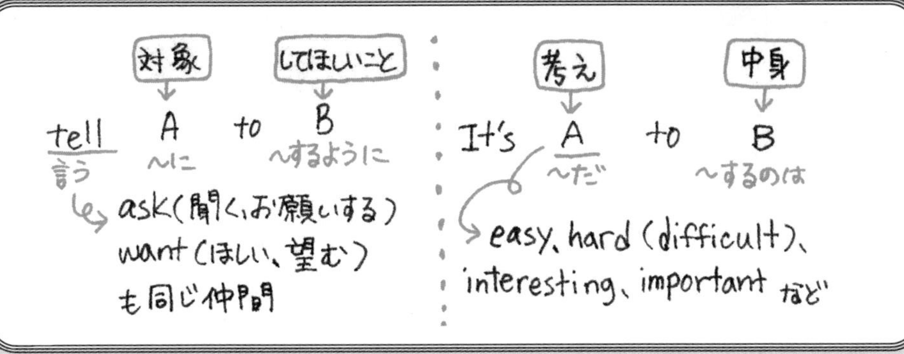

1. I told Hiroko to come at five.

2. It's easy to make cookies.

3. I asked John to check my English.

4. It's important to eat a balanced meal.

5. Do you want me to open the window?

6. It's exciting to visit new places.

7. I'm too tired to walk.

8. He was kind enough to help me.

9. I want you to be happy.

10. My teacher wants me to join the speech contest.

COLUMN コラム No.13

会話でよく使う表現

››› 会話でよく使うていねい表現

友達とはくだけた言葉づかいで話すけど、初対面の人や、目上の人には敬語を使う。こういった使い分けは、日本語でも自然としているよね。英語は日本語ほどは体系的な敬語のルールはないけど、場面に合ったていねいな言葉づかいができることは、とても大切だよ。

今回見ていきたいのは、自分の希望や要求を伝えるときのI'd like ～.。これはI wantのていねい表現で、「～をいただきたいのですが」という意味だよ。また、I'd like to ～. とすると、I want to ～のていねい表現で「～したいのですが」という意味になるよ。

上記を疑問文にすると、相手に何かをすすめたり、お誘いをしたりすることができるよ。Would you like ～？は「～はいかがですか？」、Would you like to ～？は「～しませんか？」「(私と一緒に)～していただけませんか？」という意味。

下記にサンプル会話を2つ紹介しているので、チェックしてみよう。ていねい表現は、目上の人との日常会話はもちろんのこと、旅行やビジネスでもひんぱんに使われるので、パッと言えるように頑張ろう！

〈サンプル 1〉 カフェで注文

A: **Sir, would you like something to drink?**
B: **Yes, I'd like to have a cup of coffee.**
A: **Sure. Anything else?**
B: **I'd like a cheesecake too, please.**

*Sir：男性に対するていねいな呼びかけ（女性ならMadamかMa'am）

A: 何かお飲み物はいかがですか？
B: ええ、コーヒーを1杯いただきたいのですが。
A: かしこまりました。他にはいかがですか？
B: あと、チーズケーキもください。

〈サンプル 2〉 せっかくのお誘いだけど… *大人同士の会話

A: Would you like to **dance with me?**
B: **I'd love to, but I can't because I sprained my ankle.**
A: **Oh, that's too bad. How about something to drink?**
B: **Thank you. That sounds nice.** I'd like **some white wine.**

*I'd love to：I'd like to をさらに強めた表現 / sprain my ankle：足首をねんざする / That's too bad.：それは気の毒ですね。（同情）/ How about ～？：～はいかがですか？

A: 僕と踊っていただけませんか？
B: そうしたいのですが、足首をくじいているからできないのです。
A: それは気の毒に。では、お飲み物はいかがですか？
B: ありがとう、ぜひ。白ワインをいただきたいわ。

》》》便利な問いかけ表現

「～だよね？」や「～じゃない？」という問いかけも日常会話ではよく使われるよね。「付加疑問」は、相手に同意を求めたり、念を押したりするときに使う表現。作り方は簡単で、文の動詞の形に合わせて、最後に否定形の疑問文を加えよう。

It's beautiful weather, isn't it**?** 今日はとても良い天気ですね。

He lives in Hokkaido, doesn't he**?** 彼は北海道に住んでいますよね？

反対に、否定文の場合は、最後に肯定形の疑問文を加えるよ。

It isn't raining, is it**?** 雨は降ってないよね？

You don't play soccer, do you**?** きみはサッカーしないよね？

もうひとつ、「否定疑問」もよく使う表現だよ。日本語からもわかるように、疑問文に否定語が組み込まれた形で、相手に同意を求めたり、驚きを表したりするときに使えるよ。

Isn't **this ice cream good?**
このアイスクリーム、おいしくない？（→最高だよね！）

Don't **you like me?** 私のこと好きじゃないの？（→好きでしょ!?）

how to ～「どうやって～したらよいか」

110

疑問詞の発展①【how to ～ / what to ～】

「これは何?」「どうやって この単語は読むの?」こうして疑問文で具体的な情報を聞き出すときは、What is this? や How do you read this word? のように疑問詞を必ず文頭に置くのがルールだったね。だけど、これとは別に、実は疑問詞は文の途中で使う方法もあるよ。I don't know how to read this word. は「私はどうやってこの単語を読めばいいのかわからない」。〈疑問詞+to～〉のセットで「～したらよいか」(名詞)を表すことができるんだ。

1. I don't know how to read this word.

2. Do you know how to make miso soup?

3. I'll teach you how to play this game.

4. Could you tell me how to get to Hino Station?

5. I didn't know what to do.

6. I didn't know what to say.

7. Do you know where to buy tickets?

8. Do you know which bus to take?

9. Could you show me how to use this toilet?

10. I can't decide what to buy for my mother's birthday.

疑問詞＋to～（～したらよいか）

Do you know how to read this word?
わかりますか　どうやって読めばいいか（＝読み方）　この単語

この単語の読み方、わかる？

その他
what to ～ 何を～したらよいか
when to ～ いつ～したらよいか
where to ～ どこで［に］～したらよいか
which to ～ どちらを～したらよいか

1. 私はわからない どうやって読めばいいか この単語を
（私はこの単語の読み方がわかりません）

2. わかりますか どうやって作ればいいか 味噌汁を？
（味噌汁の作り方はわかりますか？）

how to ～で「どうやって～すればいいか」→「～の仕方」

3. あなたに教えてあげる どうやってやればいいか このゲームを
（このゲームのやり方をあなたに教えてあげましょう）

4. 教えていただけますか どうやって行けばいいか 日野駅まで？
（日野駅までの行き方を教えていただけますか？）

how to get to ～で「～への行き方」

5. 私はわからなかった 何をすればいいか
（私は何をすべきかわかりませんでした）

6. 私はわからなかった 何を言えばいいか
（私は何を言うべきかわかりませんでした）

7. わかりますか どこで買えばいいか チケットを？
（チケットはどこで買うかわかりますか？）

8. わかりますか どのバスに乗ればいいか？
（どのバスに乗ればよいかわかりますか？）

5.～8.はhow以外の疑問詞のパターン。いずれも〈疑問詞 to ～〉のカタマリが動詞の目的語として働いてるよ。

9. 見せていただけませんか どうやって使えばいいか このトイレを？
（このトイレの使い方を見せていただけませんか？）

10. 私は決められない 何を買うべきか 母の誕生日に
（母の誕生日に何を買うか決められません）

実演してほしいときはCould you show me ～？

「どうやって～したらよいか」 how to ～

111

疑問詞の発展①【how to ～ / what to ～】

〈疑問詞+to ～〉のカタマリを動詞の直後に置くことで、「～したらよいか」という意味の目的語が作れることがわかったね。例）I don't know what to do.（何をしたらいいかわからない）今回はこの表現を自分で使ってみよう。適切な疑問詞を選び、そのあとtoを置いてから、内容に合う動詞～を続けるよ。なお、文によっては「誰に」→「何を」と目的語が2つ来る場合もあるよ。右でその形を確認しておこう。

1. この単語のつづり方がわからないや。
*spell（つづる）を使おう

2. このアプリの使い方、わかる？（相手に）
*アプリ：app

3. この曲の弾き方を教えてあげるよ。（相手に）

4. スミス高校（Smith High School）への行き方を教えていただけますか？

5. 私は何をすべきかわからなかった。

6. 私は誰に聞けばいいかわからなかった。

7. どこにこのフォルダーを置けばよいかわかる？（相手に）
*フォルダー：folder

8. どの電車に乗ればよいか知ってる？（相手に）

9. このDVDプレーヤーの使い方を見せていただけませんか？
*実際に実演してほしい、という場面だよ

10. 何を食べるべきか決められない。
*レストランのメニューで迷ったときに

目的語が2つ続く場合

①誰に ②何を
I'll teach you how to make great curry.
あなたに どうやっておいしいカレーを作るか
(=おいしいカレーの作り方)

⇨ あなたにおいしいカレーの作り方を教えてあげましょう。

1. **I don't know** how to spell this word.

2. **Do you know** how to use this app?

3. **I'll teach you** how to play this song.

「出だし」→「つけたし」の流れを意識しよう。
わからない
→この単語のつづり方を
わかる？
→このアプリの使い方を

4. **Could you tell me** how to get to Smith High School?

何かを教えてほしいときは Could you tell me ～？（目的語2つ）

5. **I didn't know** what to do.

6. **I didn't know** who to ask.

7. **Do you know** where to put this folder?

8. **Do you know** which train to take?

適切な疑問詞を選んでから、to ～を続けよう。8. は〈which＋名詞〉とセットにした形だね。

9. **Could you show me** how to use this DVD player?

10. **I can't decide** what to eat.

迷ったときは I can't decide ～ が便利。

where he went
「彼がどこに行ったか」

疑問詞の発展②【間接疑問】

疑問詞はto ～と組み合わせる以外にも、where Yuko wentのように〈疑問詞+主語+動詞～〉のカタマリで使うこともできるよ。どちらの表現も目的語（名詞）として似たように使えるんだけど、今回のパターンは新しく〈主語+動詞〉を組み合わせるので、表現できる内容がまた一気に広がるよ。ぜひこの形をマスターしよう。

1. **Do you know** where Dad went?
2. **Do you know** when the festival starts?
3. **Do you know** what time it is?
4. **Do you know** who this is?
5. **I don't know** why Mika is late.
6. **I don't know** where she lives.
7. **I don't understand** what you're saying.
8. **I can't remember** where I put my bag.
9. **Could you tell me** where I can get tickets?
10. **Guess** how much this bag was.

疑問詞＋主語＋動詞〜（〜なのか）

Do you know where Yuko went?

どこにユウコが行ったか

⇨ ユウコがどこに行ったか知っていますか。

〈疑問詞+主語+動詞〜〉を1つの長い目的語として捉えよう。

1. 知っていますか どこにお父さんが行ったか？
（お父さんがどこに行ったか知っていますか？）

2. 知っていますか いつお祭りが始まるか？
（お祭りがいつ始まるか知っていますか？）

3. わかりますか （今） 何時か？
（今、何時かわかりますか？）

4. 知っていますか これが誰だか？
（これが誰だか知っていますか？）

what this is なら「これが何なのか」

5. 私はわからない どうしてミカは遅刻しているのか
（私は、どうしてミカが遅刻しているかがわかりません）

why「どうして」を使うパターンもあるよ。

6. 私はわからない どこに彼女が住んでいるか
（私は、彼女がどこに住んでいるかわかりません）

7. 私は理解できない 何をあなたが言っているか
（私は、あなたが何を言っているのかが理解できません）

8. 私は思い出せない どこにカバンを置いたか
（私は、カバンをどこに置いてしまったのかが思い出せません）

目的語が2つのパターン tell me where I can ...

9. 教えていただけますか どこで切符を買えるか？
（切符をどこで購入できるか教えていただけますか？）

10. 当ててみて このカバンがいくらだったか
（このカバンがいくらだったか当ててみてください）

guessは「推測する、当てる」、how muchは「（金額が）いくら」。

「彼がどこに行ったか」 where he went

113

疑問詞の発展②【間接疑問】

出だしの〈主語+動詞～〉を組み立てたあとに、目的語の位置で新しく〈疑問詞+主語+動詞～〉のカタマリを置くのが今回のポイントだね。内容によっては、この目的語のカタマリが長くなることもあるけど、疑問詞を使い分けて、そのあとの主語+動詞～を1語ずつていねいに組み立てていけば、しっかり作文できるはずだよ。慣れてきたら、少しずつ速く言えるように練習しよう。

1. ヨウコがどこに行ったか知ってる？

2. 夏休みはいつ終わるか知ってる？
*夏休み：summer vacation

3. 今、何時かわかる？

4. これ、何かわかる？

5. どうしてお父さんが怒っているかわからない。

6. 彼女が何色が好きかわからない。

7. あなたが言っていることが理解できません。

8. 昨日何を食べたか思い出せない。

9. どうやったらチケットを注文できるか、教えていただけますか？
*注文する：order

10. 私が昨日誰に会ったか、当ててごらん。

長い目的語

Guess how much this shirt was.
疑問詞 主語 動詞

当てて（何を？）このシャツがいくらだったか

⇨ このシャツがいくらだったか当ててみてください。

適切な疑問詞をパッと言えるようになろう（そのあとに主語+動詞〜）。
わかる？→ヨウコがどこに行ったか
知ってる？→夏休みがいつ終わるか

1. **Do you know** where Yoko went?

2. **Do you know** when summer vacation ends?

3. **Do you know** what time it is?

×what time is it。文中で疑問詞を使うときは、必ず〈疑問詞+主語+動詞〜〉の順番だよ。

4. **Do you know** what this is?

5. **I don't know** why Dad is angry.

6. **I don't know** what color she likes.

7. **I don't understand** what you're saying.

話や説明の内容が理解できないときには、knowではなくunderstand。

8. **I can't remember** what I ate yesterday.

9. **Could you tell me** how I can order tickets?

10. **Guess** who I met yesterday.
(saw)

OUTPUT
Mini Test
LESSON 66

疑問詞の発展

114

how to～や間接疑問を整理しよう

Lesson 64～65では、疑問詞を使った長い目的語を作る練習をしたね。疑問詞の発展表現には〈疑問詞＋to ～〉と〈疑問詞＋主語＋動詞～〉の2つのパターンがあるよ。〈疑問詞＋主語＋動詞～〉のほうは、新しく〈主語＋動詞～〉を組み合わせるので、その分だけさらに表現の幅が広がったね。日本語文を読んで、どっちのパターンを使ったらいいか注意しながら英文を組み立ててみよう。

1. お母さんがどこに行ったかわかる？（相手に）

2. カレーの作り方わかる？

3. 今、何時かわかる？

4. 何をすればいいかわからなかった。

5. 自分の時計をどこに置いてしまったか思い出せない。

6. 中野駅までの行き方を教えていただけませんか？

7. 彼女が何を言っているか理解できません。

8. どうしてケンが今朝練習に来なかったのかわからない。

9. どのバッグを買うべきか決めらない。

10. この帽子がいくらか教えていただけますか？

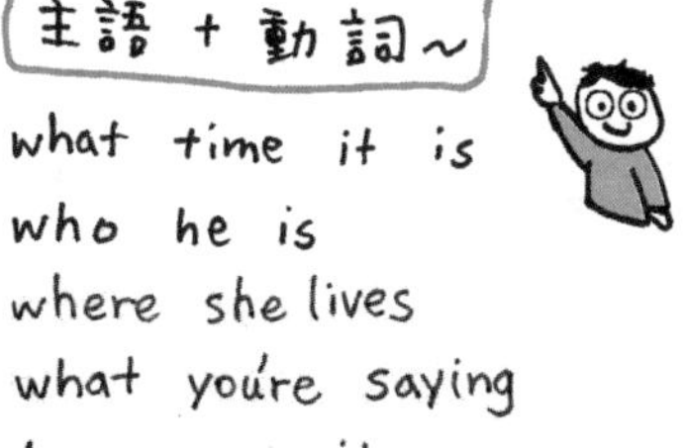

1. Do you know where Mom went?

2. Do you know how to make curry?

3. Do you know what time it is?

4. I didn't know what to do.

5. I can't remember where I put my watch.

6. Could you tell me how to get to Nakano Station?

7. I don't understand what she's saying.

8. I don't know why Ken didn't come to practice this morning.

9. I can't decide which bag to buy.

10. Could you tell me how much this hat is?

INPUT

Final Test

LESSON 67

PART 3のまとめ

115

「出だし」+「つけたし」の総整理

英文を読んだり聞いたりするときは、まず〈主語+動詞〉という文の出だしに集中することが大事だね。PART 3では「受け身」と「現在完了形」という2つの新しい出だしの表現を学んだよ。それぞれの否定文・疑問文とあわせて確認しよう。また、「つけたし」においては、「名詞」をより詳しく説明する分詞・関係代名詞が大きなポイントだったね。さらに、to～の発展表現や、疑問詞で長い目的語をつけたす方法などをおさらいしよう。

1. Soccer is played in many countries.
2. Is ramen eaten in the U.S.?
3. Where was this picture taken?
4. I've lived in Ehime for six years.
5. I've seen the movie three times.
6. Have you ever been to Kamakura?
7. I've already eaten lunch.
8. This is special tea grown in Kyoto.
9. Who's that girl wearing the blue hat?
10. The racket (that) I'm using now is old.
11. This is the bus that goes to Osaka Station.
12. I asked my friend to help.
13. It's important to exercise.
14. Do you know how to read this word?
15. I can't remember where I put my phone.

主語＋動詞(文の出だし) ＋ 情報のつけたし

・受け身の文(〜された)
be動詞＋過去分詞

・現在完了形
「(ずっと)〜している、〜してきた」
「(もう)〜した」「〜したことがある」

・名詞＋分詞(過去分詞/ing形)
名詞＋関係代名詞(that/who)

・tell A to B / It's A to B

・where to 〜
where she went

1. サッカーはプレーされる 多くの国で
(サッカーは多くの国でプレーされています)

2. (質問) ラーメンは食べられる アメリカで？
(アメリカではラーメンは食べられていますか？)

3. どこで この写真は撮られた？(この写真はどこで撮られたのですか？)

4. 私は(今までずっと) 住んできた 愛媛に 6年間
(私は6年間愛媛に住んでいます)

5. 私は(今までに) 見たことがある その映画を 3回
(私は今までにその映画を3回見たことがあります)

6. (質問) あなたは今まで行ったことがある 鎌倉に？
(あなたは今まで鎌倉に行ったことがありますか？)

7. 私は(今までに) すでに食べた 昼ご飯を(私はすでにお昼ご飯を食べています)

8. これは特別なお茶 京都で栽培された(これは京都で栽培された特別なお茶です)

9. 誰ですか あの女の子 青い帽子をかぶっている？
(青い帽子をかぶっているあの女の子は誰ですか？)

10. ラケット 私が今使っている ＝ 古い
(私が今使っているラケットは古いです)

11. これがバス 大阪駅に行く(これが大阪駅行きのバスです)

12. 私は頼んだ 友達に 手伝うように(私は、友達に手伝ってもらうように頼みました)

13. 大切だ 運動することは(運動することは大切です)

14. わかりますか どうやって読むか この単語を？
(この単語の読み方はわかりますか？)

15. 私は思い出せない どこに電話を置いたか
(私は、電話をどこに置いてしまったのかが思い出せません)

PART 3のまとめ

116

「出だし」+「つけたし」の総整理

最後に、PART 3で習った表現を全部ミックスした作文問題で総整理をしよう。文の出だしでは、「ふつうの文なのか、疑問文なのか」そして「いつの話なのか」で形が大きく変わるので、ていねいに練習しようね(この主語+動詞〜がパッと言えないと、実際の会話では話が止まってしまうんだ)。主語+動詞で文の幹がしっかり作れたら、分詞・関係代名詞やto〜で説明を補ったり、疑問詞で長い目的語をつけたしたりしよう。

1. 野球は世界中でプレーされています。
2. フランスでは焼き鳥は食べられていますか? *焼き鳥:yakitori
3. 東京スカイツリーって、いつ建てられたの?
4. 愛媛はどのくらい長く住んでいるのですか?(相手に)
5. 私は北海道に1回行ったことがあるよ。
6. 私、この映画見たことない。
7. 電車はちょうど出発したところだ。
8. これはドイツで作られた車です。
9. 木のそばで寝ているあの子犬を見て。
10. あなたが作ったクッキー、とてもおいしかったよ。 *クッキー:cookies
11. これが原美術館(Hara Museum)に行くバスですか?
12. 私の友達が、私に手伝ってほしいと頼んできた。
13. 練習することはとても大事だよ。
14. 駅への行き方を教えていただけませんか?
15. どうしてジュンは今日学校に来なかったのか、わかる?

文の出だし ＋ 情報のつけたし

- 普通の文？ 疑問文？
（→疑問文は文頭の形に注意）
- いつのこと？
（→現在形、過去形、現在完了形…）

- 名詞をどうやって説明？
（→分詞、関係代名詞）
- 文中で使う疑問詞、あとの形は？
（→what to～、what you said）

1. Baseball is played around the world.
2. Is yakitori eaten in France?
3. When was the Tokyo Skytree built?
4. How long have you lived in Ehime?
5. I've been to Hokkaido once.
6. I've never seen this movie.
7. The train has just left.
8. This is a car made in Germany.
9. Look at that little dog sleeping by the tree.
10. The cookies (that) you made were very good [delicious].
11. Is this the bus that goes to Hara Museum?
12. My friend asked me to help.
13. It's very important to practice.
14. Could you tell me how to get to the station?
15. Do you know why Jun didn't come to school today?

巻末付録

巻末付録 **1.** 前置詞のコア・イメージ

巻末付録 **2.** 会話でよく使う熟語

巻末付録 **3.** 不規則動詞と基本語一覧

巻末付録 1

前置詞のコア・イメージ

at や in, from, for, with, of など、名詞の前に置くこれらのことばを「前置詞」と言います。前置詞をしっかり使いこなすことができれば、いろいろな情報をつけたすことができます。前置詞は、場所や時間、方向、方法など、さまざまな意味を表せますが、ここでは、使用頻度の高い基本的な前置詞のコア・イメージと使い分けについておさらいします。

››› 基本的な前置詞のコア・イメージ

1 in 「～の中に〔で〕」／年・月・季節

「ある空間の中」「入れ物の中」のイメージです。年・月・時間帯など「(比較的長めの)期間・時間」も表します。

2 on 「～の上に」「～の表面に接触して」／日付・曜日

「何かの上に乗っている」「面や線に接触している」というイメージです。曜日など「(短期的な)時間」も表します。

3 at 「～のところに〔で〕」／時刻

「点」のイメージです。ピンポイントで具体的な場所を表します。on よりもさらに短い時間・期間(時刻)を表します。

4 before 「～の前に」

時間や順序の「前」がイメージです。after「～のあとに」と対になります。

5 in front of 「～の前に」

ある場所についての「前」がイメージです。単純な位置関係を表します。

6 after 「～のあとに」「～を追って」

時間や順序の前後関係での「～のあと」のイメージです。「何かのあとをくっついていく」というイメージから「～を追って」という意味もあります。

7 from 「～から」

何かが始まったり、変化していくための「起点」のイメージです。場所だけでなく、時間や原因なども表します。

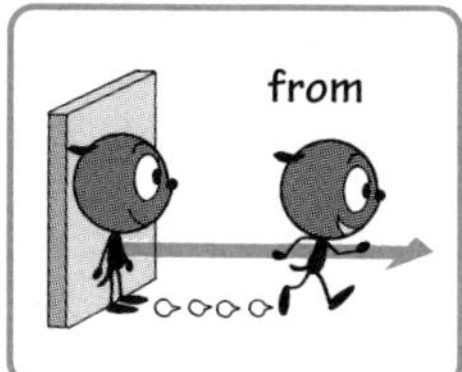

8 to 「～へ」

「ある物が目的地に向き合いながら、到達地点へたどり着く」イメージです。物理的な場所だけでなく時間も表します。

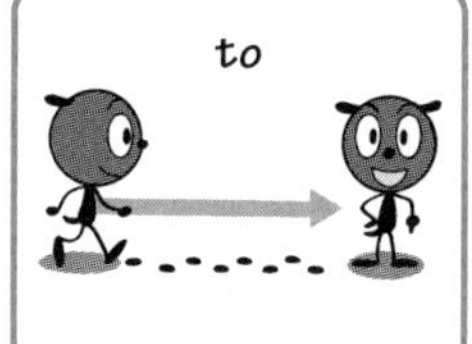

9 with 「～と一緒に」

「つながり」や「結びつき」のイメージです。「～と一緒に」というイメージから「～を使って」と手段も表します。without「～なしで」と対になります。

10 without 「～なしで」「～を持たずに」

with「～と一緒に」の反対で、「つながりがない」のイメージです。文字通り、with を out で否定しています。

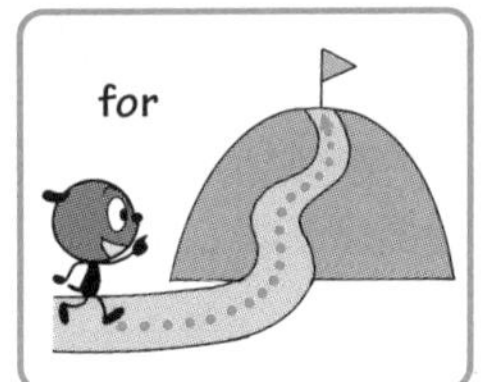

11 for 「〜のために〔の〕」「〜にとって」「〜に向かって」／時間の長さについて「（〜分）間」「（〜日）間」

到達点を含まずに「〜へ向かう」というイメージです。「目的」「方向」の意味を表します。時間の意味では、どのくらい続けたかという「長さ」を表します。

12 of 「〜の」／「〜から成る」

「関わり」「つながり」のイメージです。はっきりとした位置関係があるわけではないのですが、物と物をつなげる「橋渡し」的な役割があります。「材料・原因」の意味も表します。

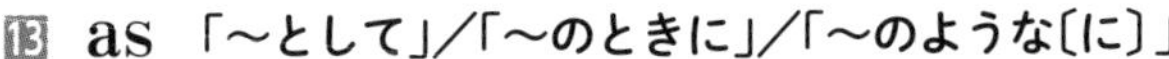

13 as 「〜として」／「〜のときに」／「〜のような〔に〕」

「誰か（何か）と同じ」というイメージです。「何かと何かが同時に起きている」という意味もあります。

14 over 接触せずに「〜の上に」／「〜を越えて」

「下の物に接触せずに円や弧を描く」イメージです。「全体を覆う」イメージもあります。

15 under 接触せずに「〜の下に」／「〜より低い」

「上にある物に触れずに真下に」がイメージです。「達していない」や「〜の最中で」という意味もあります。

16 below 「〜より下のほうに」

「より下」「低いほう」のイメージです。ほかの物と比較して上か下か（高いか低いか）という位置関係を表します。

⑰ about 「～について」「～に関して」／「およそ～」

「関連」「周辺」のイメージです。対象の周りをあちこち回っている感じです。

⑱ around 「～のまわりに〔を〕」／「～頃」「～前後」

「周囲」のイメージです。対象の周りをぐるりと一周する感じです。時間や数字を表す場合もあります。

⑲ near 「～の近くに〔で〕」

近いと感じる「距離感」のイメージです。「すぐそば」というよりは大きな意味での「近い」です。

⑳ by 「～で」「～によって」／期限を表して「～までに」／「～のそばに」

「手段」を表します。「～のそばに」は位置的な意味のほかに、期限を表わす「～までに」の意味もあります。

㉑ until 「～までずっと」

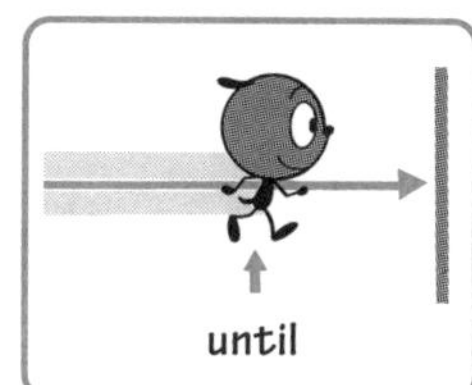

「動作などが同じ状態で継続している」イメージです。終了点が設けられて、そこまでずっと続くことを表しています。

㉒ between 「（2つ）の間に〔で〕」

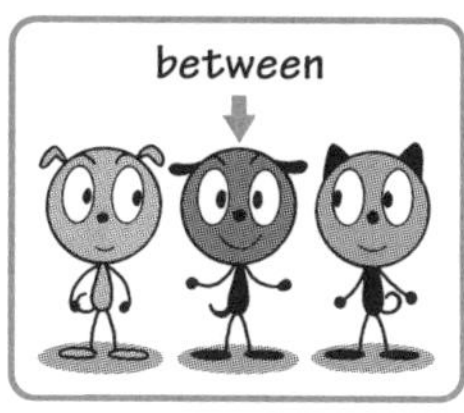

「2つ〔2人〕の中間に」のイメージです。物だけでなく人や時間、場所などにも使います。

23 among 「(3つ以上)の間に〔で〕」

「同じ物〔人〕に囲まれた」イメージです。betweenが2つの物〔人〕に対し、amongは「3つ以上の物〔人〕の間に」という意味になります。

24 away 「離れて」

「距離が離れて」というイメージです。

25 off 「離れて」

接している面から「離れる」イメージです。対になる前置詞はon(～の表面に接触して)です。

26 across 「～を横切って」/「～の向こう側に」

「平面を垂直に横切る」のイメージです。「平面を端から端へ横切った向こう側」という意味も表します。

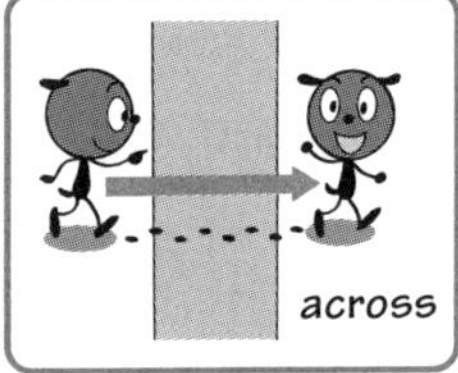

27 beyond 「～を越えて」/「～に及ばない」

「何かを越えた向こう側」のイメージです。具体的な場所・時間だけでなく、程度や範囲を超えることも表します。

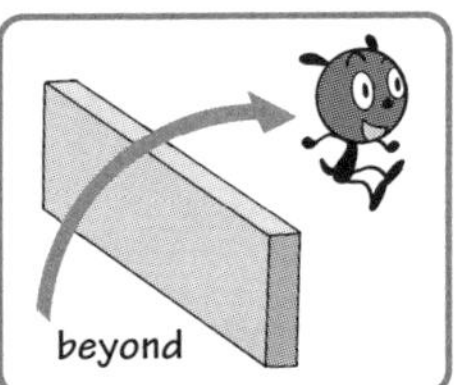

28 against 「～に反対して」/「～に逆らって」

「対立」「対抗」のイメージです。双方から強い力や圧力がかかって反発し合っていることを表します。

››› 間違いやすい前置詞の使い分け

1 in, on, atの使い分け（時間の場合）

in 「幅広い期間」	□ **in 2016**（2016年に） □ **in May**（5月に） □ **in summer**（夏に）
on 「特定の日」	□ **on July 4**（7月4日に） □ **on Sunday**（日曜日に）
at 「ある一点の時」	□ **at ten**（10時に） □ **at 8:40**（8時40分に）

2 in, on, atの使い分け（場所の場合）

in 「比較的広い空間の中」	□ **in the kitchen**（台所に〔で〕） □ **in Japan**（日本に〔で〕）
on 「何かに接している」	□ **on the desk**（机の上に〔で〕） □ **on the wall**（壁に〔くっついて〕）
at 「地図上の一点」	□ **at the office**（オフィスに〔で〕） □ **at the station**（駅に〔で〕）

3 byとuntil(till)の使い分け

by 「完了の期限」	□ **by noon**（正午までに） □ **by eight o'clock**（8時までに）
until 「終了時点までの継続」	□ **until yesterday**（昨日まで〔ずっと〕） □ **until ten**（10時まで〔ずっと〕）

4 fromとsinceの使い分け

from
「時の起点」
□ from now（今から）
□ from 5:30（５時半から）

since
「継続した動作や状態の起点」
□ since 3 pm yesterday（昨日の午後３時からずっと）
□ since last night（昨夜からずっと）

5 before と in front ofの使い分け

before
「時間・順番としての〈前に〉」
□ before lunch（昼食前に）
□ before me（自分の前方に）

in front of
「場所・位置関係としての〈前に〉」
□ in front of the gate（門の前に）
□ in front of the station（駅の前に）

6 awayとoffの使い分け

away
「距離的に離れる」
□ get away from the bus（バスから離れる）
□ 2 miles away from my house（自宅から２マイル離れて）

off
「分離」
□ get off the bus（バスから降りる）
□ take off your shoes（靴を脱ぐ）

7 across, beyond, overの使い分け

across
「平面に垂直に横切る」
□ across the river（川を横切る）
□ across the country（国中に〔で〕）

beyond
「範囲を超えた向こう側」
□ beyond the sea（海を越えて）
□ beyond borders（国外に）

over
「上を越えた向こう側」
□ over the mountain（山の向こう側）
□ over one's head（頭上に〔を〕）

8 under と below の使い分け

under 「真下に」	□ **under the bed**（ベッドの下に） □ **under 20 years old**（20歳未満）
below 「基準より低い位置」	□ **below average**（平均以下の） □ **below sea level**（海抜より低い）

9 on, over, above の使い分け

on 「上に接触して」	□ **on the lake**（湖上に） □ **on the floor**（床の上に）
over 「上方に」	□ **over the house**（家の上に） □ **over the railing**（手すり越しに）
above 「はるか上に」	□ **above one's head**（頭上はるか） □ **above sea level**（海抜より高い）

10 for と during の使い分け

for 「時間の長さ」	□ **for an hour**（１時間） □ **for two weeks**（２週間）
during 「特定の時間内」	□ **during a break**（休憩の間に） □ **during the summer vacation**（夏休みの間に）

巻末付録
2

会話でよく使う熟語

››› 一般動詞の熟語

□ **catch a cold ～**	風邪をひく
□ **call back**	電話をかけ直す **Please call me back.** （私に折り返し電話をしてください）
□ **feel sick**	気分が悪い
□ **get to ～**	～にたどり着く、到着する **get to the station**（駅に着く）
□ **get on / get off**	（バス・電車に）乗る／降りる **get on the bus at Nakano** （中野でバスを降りる）
□ **get out**	出て行く
□ **get up**	起きる、起床する
□ **go shopping**	買い物に行く 〈× **go to shopping** とは言わない〉
□ **go to bed**	寝る、就寝する
□ **have a good time**	楽しいひと時を過ごす、楽しむ
□ **look at ～**	～を見る、目を向ける
□ **look for ～**	～をさがす **I'm looking for my cat.** （私は自分のネコを探しています）

□ **look forward to ～ing**	～を楽しみに待つ **I'm looking forward to seeing you again.** （またあなたにお会いするのを楽しみにしています）
□ **listen to ～**	～を聞く、耳をかたむける
□ **meet with ～**	～と会う
□ **put on ～**	～を身につける、着る **put on my glasses**（めがねをかける）
□ **run away**	逃げる **The cat ran away.**（ネコが逃げて行った）
□ **set up ～**	～を設置する、設立する **set up the computer** （コンピュータを設置する）
□ **take care of ～**	～の世話をする **take care of my sister** （自分の妹の世話をする）
□ **take off ～**	～を外す、脱ぐ **Please take off your shoes.** （くつを脱いでください）
□ **talk to[with] ～**	～と話す、おしゃべりする
□ **talk about ～**	～について話す
□ **think of ～**	～を思いつく
□ **turn on / turn off**	（スイッチを）入れる／切る **Can you turn on the TV?** （テレビをつけてくれる？）
□ **wait for ～**	～を待つ

››› be動詞の熟語

□ **be absent from ~**
～を欠席する
She was absent from school.
（彼女は学校を欠席しました）

□ **be careful of ~**
～に注意する
Be careful of the cars.
（車に気をつけてください）

□ **be different from ~**
～とは異なる、ちがう
His opinion is different from mine.
（彼の意見は私のとちがいます）

□ **be good at ~**
～が上手だ
You're good at drawing pictures.
（あなたは絵を描くのが上手ですね）

□ **be interested in ~**
～に興味がある
I'm interested in science.
（私は理科に興味があります）

□ **be late for ~**
～に遅れる、遅刻する
I was late for school yesterday.
（私は昨日、学校に遅刻しました）

□ **be located in ~**
～に位置する
Tokyo Skytree is located in Sumida Ward.
（東京スカイツリーは墨田区にあります）

□ **be pleased to ~**
～してうれしい
I'm pleased to read her letter.
（私は彼女からの手紙を読んでうれしく思っています）

□ **be surprised at ~**
～におどろく
I was surprised at the news.
（私はそのニュースにおどろきました）

››› その他の熟語

□ **at the end of ～**
～の最後に
at the end of the month（月の終わりに）

□ **as soon as possible**
できるだけ早く
Please come as soon as possible.
（できるだけ早く来てください）

□ **at first**
はじめは
At first, I was nervous.
（はじめは緊張しました）

□ **because of ～**
～のために

□ **How about ～?**
～についてどう思いますか？／～はいかが？
How about some more coffee?
（コーヒーをもう少しいかがですか？）

□ **in[on] time**
時間どおりに

□ **in front of ～**
～の前に
in front of the building（そのビルの前に）

□ **in order to ～**
～するために
I called the shop in order to get more information.（私はもっと情報を得るためにその店に電話しました）

□ **in the middle of ～**
～の途中で
My cellphone rang in the middle of class.（授業中に私の携帯が鳴った）

□ **instead of ～**
～の代わりに
I ordered soymilk latte instead of regular latte.（私は普通のラテの代わりに豆乳ラテを注文しました）

□ **on one's way to ～**
～へ行く途中で
I met Sarah on my way to the station.
（私は駅に行く途中でサラに会いました）

巻末付録 3

不規則動詞と基本語一覧

過去のことを言うときには必ず動詞を過去形にします。play なら played、live なら lived のように、動詞にそのまま -ed あるいは -d をつけるのが基本パターンですが、なかには完全に形が変わってしまう動詞もあり、これらを不規則動詞と呼んでいます。

不規則動詞とは単純に、過去形が -ed, -d でない形に変化する動詞のことです。主な不規則動詞とその他の重要な動詞（-ed で終わる規則動詞）の語形変化を以下に挙げてみます。不規則動詞はそれぞれ形が異なりますので、ひとつひとつ覚えるようにしましょう。

››› 主な不規則動詞

＊過去分詞の形が過去形と異なるものは青字になっています。

原形	意味	過去形	過去分詞
be	（be 動詞）	was, were	been
do	する	did	done
bring	持ってくる	brought	brought
build	建てる	built	built
buy	買う	bought	bought
come	来る	came	come
eat	食べる	ate	eaten
get	手に入れる	got	gotten
give	与える	gave	given
go	行く	went	gone
have	持っている	had	had
make	作る	made	made
meet	会う	met	met
put	置く	put	put

原形	意味	過去形	過去分詞
read	読む	read ＊発音だけが「リード」から「レッド」に変わる。	read
see	見える	saw	seen
speak	話す	spoke	spoken
tell	伝える、言う	told	told
take	取る	took	taken
write	書く	wrote	written

››› 重要な規則動詞

＊-edのつづりに注意が必要なものがあります。また、規則動詞は過去形と過去分詞がすべて同じ-edの形です。

原形	意味	過去形	過去分詞
agree	同意する	agreed	agreed
answer	答える	answered	answered
arrive	到着する	arrived	arrived
ask	尋ねる	asked	asked
borrow	借りる	borrowed	borrowed
call	呼ぶ、電話する	called	called
carry	運ぶ	carried ＊yをiに変えてed	carried
change	変える	changed	changed
clean	そうじする	cleaned	cleaned
close	閉じる	closed	closed
cook	料理する	cooked	cooked
cry	泣く、叫ぶ	cried ＊yをiに変えてed	cried
decide	決める	decided	decided
die	死ぬ	died	died
enjoy	楽しむ	enjoyed	enjoyed

原形	意味	過去形	過去分詞
explain	説明する	explained	explained
finish	終える	finished	finished
happen	起こる	happened	happened
help	助ける	helped	helped
hope	望む	hoped	hoped
hurry	急ぐ	hurried ＊yをiに変えてed	hurried
introduce	紹介する	introduced	introduced
invite	招待する	invited	invited
join	参加する	joined	joined
kill	殺す	killed	killed
learn	習い覚える	learned	learned
like	好きである	liked	liked
listen	聞く	listened	listened
live	住む	lived	lived
look	見る、〜に見える	looked	looked
love	愛する	loved	loved
miss	のがす	missed	missed
move	動かす	moved	moved
name	名づける	named	named
need	必要とする	needed	needed
open	開ける	opened	opened
paint	(絵の具で)描く	painted	painted
plan	計画する	planed	planed
play	(スポーツを)する	played	played
practice	練習する	practiced	practiced
receive	受け取る	received	received
remember	覚えている	remembered	remembered
return	帰る、返す	returned	returned

原形	意味	過去形	過去分詞
save	救う、節約する	saved	saved
smell	～のにおいがする	smelled	smelled
sound	～に聞こえる	sounded	sounded
start	始める	started	started
stay	滞在する	stayed	stayed
stop	止める	stopped ＊pを重ねる	stopped
study	勉強する	studied ＊yをiに変えてed	studied
talk	話す	talked	talked
taste	～の味がする	tasted	tasted
touch	さわる	touched	touched
try	やってみる	tried ＊yをiに変えてed	tried
use	使う	used	used
visit	訪問する	visited	visited
wait	待つ	waited	waited
walk	歩く	walked	walked
want	ほしがる	wanted	wanted
wash	洗う	washed	washed
work	働く	worked	worked
worry	心配する	worried ＊yをiに変えてed	worried

＊動詞はこれら以外にもたくさんあります。p.32～33のコラムでも話したように、動詞に強くなると、英語のレベルがぐんと上がります。ここにある動詞はもちろんのこと、教科書などで出てきたものは、できるだけ全部覚えるようにしましょう。「動詞を制するものは、英語を制する！」

山田暢彦 Yamada Nobuhiko

米国ニュージャージー州出身、慶応義塾大学（SFC）卒業。
現在、オンライン英語学習サイト NOBU Connect を主宰。英語・日本語のバイリンガルとして、ビジネスパーソン、英語講師、子育てママ、作家、芸能人など幅広い受講者に“世界に通用する英語”を教えている。長年の経験で培ったわかりやすい解説と実践的な指導に定評があり、出版界・教育界からの信頼も厚い。監修した『中学英語をひとつひとつわかりやすく。』（学研）参考書シリーズは記録的な大ベストセラーとして全国の学校・教室で使用されているほか、『英語のスピーキングが驚くほど上達する NOBU 式トレーニング』（IBC パブリッシング）、『絵で見てパッと言う英会話トレーニング』（学研）など、大ヒットの英会話本も多数執筆している。また、バイリンガルとしての素養を活かし、複数の出版社で英和・和英辞典の執筆委員を務めた経験も持つ。
TOEIC® 連続満点、国連英検特 A 級、英検 1 級。趣味は料理とギター弾き語り。
1980 年生まれ、2 児のパパ。

父親の仕事の都合で、アメリカで生まれ育つ。両親は日本人。自宅では日本語を話し、和食を食べて育ち、大みそかには紅白歌合戦を楽しむ。日本の文化が大好きで、日本の社会のために、自分ができることで貢献したいという気持ちが強い。
日本人の英語が苦手な気持ちも、英語を話す人の正確なニュアンスもよく理解でき、本書の執筆にはこのことが生かされている。
最終的なゴールは、英語を楽しく自由に使える日本人を 1 人でも増やすこと。「英語 = 共通語」の時代に、日本人が自信と誇りを持って活躍できるよう、英語教育を変えて行くこと。こういった目標に人生をかけて取り組んでいる。

NOBU式トレーニングが気に入った方は、
ぜひInstagramもチェックしてみてください。

・毎日1分！ 英会話ドリル
・毎日1分！ QUICK QUIZ
・動画「Monday Night Live」配信

など、英語学習に役立つ情報を発信しています。

@NOBU_ENGLISH

［新版］
NOBU式トレーニング コンプリートコース
話すための中学英語

2018年11月4日　初版第1刷発行
2022年10月10日　第4刷発行
2024年2月3日　新版第1刷発行

著　者　山田 暢彦

発行者　浦 晋亮

発行所　IBCパブリッシング株式会社
〒162-0804 東京都新宿区中里町29番3号 菱秀神楽坂ビル
Tel. 03-3513-4511　Fax. 03-3513-4512
www.ibcpub.co.jp

印刷所　株式会社シナノパブリッシングプレス

ISBN978-4-7946-0798-0